Herder Taschenbuch 1611

Über das Buch

Sanfte Verschwörung oder sanfte Verblödung? Hinter den Kontroversen um New Age verbergen sich massive Mißverständnisse. Dieser klärende Beitrag ist notwendig für alle, die sich ein eigenes Urteil bilden oder bewahren wollen. Der Verfasser des bekannten New-Age-Wörterbuches (Herder Taschenbuch Nr. 1310) und der kompetenten Einführung „Was ist New Age?“ (Herder Taschenbuch Nr. 1369) sieht in New Age geistesgeschichtlich eine Reaktion auf die pessimistische Zeit-*Ende*-Philosophie der Moderne, die freilich auf *gesellschaftlicher Ebene* zu einem Supermarkt romantischer Wissenschaftsmystik und Pseudoreligiosität zu verkommen droht. Die aufgebrochene Sehnsucht nach ganzheitlicher Erfahrung wird hier vielfältig vermarktet und mißbraucht. Doch trifft die Kritik, die sich mit Recht gegen die „sanften Verblöder“ wendet, den Kern der New-Age-Bewegung, die optimistische Utopie, daß in den Krisen unserer Zeit eine Chance zur Erneuerung steckt? Die ernsthafte Suche nach einer Zeit-*Wende*-Zeit verdient kundige Begleitung und mitdenkende Ermutigung

Über den Autor

Dr. Elmar R. Gruber, geboren 1955 in Wien, Studium der Psychologie, Philosophie und Ethnologie, 1980–83 Assistent am „Institut für Grenzgebiete der Psychologie und Psychohygiene“ bei Professor Hans Bender in Freiburg. Wissenschaftlicher Berater und Präsentator der Sendung „Unglaubliche Geschichten“ bei Radio Luxemburg und im RTLplus-Fernsehen. Autor von Büchern über Schamanismus, Parapsychologie und New Age.

Elmar R. Gruber

Sanfte Verschwörung oder sanfte Verblödung?

Kontroversen um New Age

Herder Taschenbuch Verlag

Originalausgabe
erstmals veröffentlicht als Herder-Taschenbuch

Buchumschlag: Walter Emmrich

Herder Freiburg · Basel · Wien
Herstellung: Freiburger Graphische Betriebe 1989
ISBN 3-451-08611-5

FÜR MARCO

Wer über alte Ursprünge
weise wurde, siehe, der wird zuletzt
nach Quellen der Zukunft suchen
und nach neuen Ursprüngen

FRIEDRICH NIETZSCHE

Inhalt

Einleitung

Das umfangreiche und vielschichtige Thema „New Age" hat in jüngster Zeit zu vielen Kontroversen und oft emotional geprägten Auseinandersetzungen geführt. Aufgabe dieses Buches ist es, Licht in die Diskussion um New Age zu bringen. Es ist sinnlos die weitverzweigten Auseinandersetzungen einzeln zu präsentieren und zu präzisieren. Vielmehr geht es darum, kontroverse Themen herauszuarbeiten und sie im Hinblick auf die Bedeutung dessen, was sich unter dem Begriff „New Age" manifestiert, einzuordnen. Marilyn Ferguson sprach als optimistische Vertreterin der New-Age-Bewegung von einer „sanften Verschwörung", die weltweit alte Weltanschauungen und Lebensweisen untergrabe und den Beginn eines neuen Zeitalters von Frieden, Ausgleich und spiritueller Gesinnung einleiten soll. Hans A. Pestalozzi hält der Bewegung entgegen, daß sie durch apolitisches, ichbezogenes esoterisches Denken vielmehr zu einer „sanften Verblödung" beiträgt, die uns noch tiefer in die planetare Krise stürzen soll. Zwischen diesen beiden Extremen bewegt sich das Für und Wider des New Age.

Im ersten Kapitel stelle ich die historischen und geistigen Bedingungen für das New Age dar. Erst aus der Kernerfahrung, die das New-Age-Denken ermöglicht, können die Kontroversen sinnvoll beurteilt werden. In diesem Abschnitt wird der Boden bereitet, der es jedem selbst ermöglicht, strittige Themen im Hinblick auf New Age einzuschätzen.

Das zweite Kapitel behandelt die Auseinandersetzungen um New Age als Phänomen der zu Ende gehenden Moderne und des Verfalls des modernen Bewußtseins. Insbesondere in ihrem Selbstverständnis als „Antwort auf die globale Krise" haben die New Ager, ihre Ideen und ihre Institutionen zu anhaltenden Auseinandersetzungen Anlaß gegeben. Auch hier werden die Argumente in ihren Bezügen zur Kernerfahrung einer wiedererwachten geistigen Sehnsucht abgewogen.

Das dritte Kapitel schließlich beschäftigt sich mit ausgewählten Problembereichen. Diese betreffen insbesondere die Frage der Naivität von New-Age-Haltungen, die verborgenen Mythen, die Gefahren von Bewußtseinsabenteuern, Vorbehalte von New-Age-Denkern gegen das, was man unter New Age versteht, schließlich die Berührungspunkte zwischen New Age und Christentum und New Age und rationales Weltverständnis.

Eine optimistische Gegenwarts- und Zukunftsprognose, wie die des New Age, ist dazu angetan, kritische Stimmen auf den Plan zu rufen, insbesondere zumal sie in einer Zeit der schweren Krise entstanden ist. Für ein Verständnis der Krise und ihrer Ursachen kann die Auseinandersetzung mit den New-Age-Ideen und ihren Gegenstimmen ausgesprochen fruchtbar sein. Sind wir denn nicht gegenwärtig in einen Zustand eingetreten, in dem die Krise nicht mehr eine Zeit des Überganges markiert, sondern in dem wir uns mit dem Gedanken vertraut machen müssen, daß die zukünftige Geschichte nur noch Krise *ist?* Wir stehen am Beginn einer Epoche der permanenten Krise. Das Wechselhafte, das Unvorhersehbare, die Bedrohung werden zum Geschäft des Alltäglichen.

In der Antike glaubte man, daß draußen auf dem Atlantik, jenseits der Säulen des Herakles das berüchtigte *mare coagulatum*, das geronnene Meer, liege. Grauenhafte Gefahren lauern auf die Menschen, die dort hinausfahren. Die Säulen des Herakles stehen heute in anderen Gefilden. Mit der Kernspaltung und der Spaltung der Erbmasse haben wir die modernen Säulen des Herakles umschifft, haben wir den Kreis der überschaubaren Welt verlassen. Seit die ersten Atombomben unter der Erde entzündet und bald darauf über Menschen abgeworfen wurden und seit man sich neue Lebensformen, die in Gen-Labors hergestellt werden, patentieren lassen kann, stehen die neuen Säulen des Herakles als gigantische Mahnmale hinter uns. Mit den Gefahren der Kernspaltung sind wir mittlerweile vertraut; sie machen einen gewichtigen Teil der Krise aus. Die Gentechnik ist noch zu jung, um ihr Janusgesicht deutlich zu zeigen. Beide Bedrohungen und zahlreiche andere werden unsere Begleiter im Zeitalter der Krise sein. Wenn die Auseinandersetzung mit New Age unsere Wahrnehmung der Gründe und Bedeutung der Krise schärft, ist schon viel gewonnen.

I

Zeit und Sehnsucht: Geschichte eines utopischen Dranges

Künder des Neuen Zeitalters

Wenn es um Kritik und Kontroversen geht, läßt sich ein negativer Beigeschmack selten vermeiden. Obwohl Kritik landläufig als destruktiv gilt, kennen wir doch ihre positive Seite. Wir nennen sie konstruktive Kritik. Die Ausleuchtung von unangebrachter oder destruktiver Kritik kann ihrerseits konstruktiv wirken: indem Klarheit in ein kontroverses Thema gebracht wird.

Es liegt in der Natur der Sache, daß die Auseinandersetzungen um die Einschätzung einer Zeitströmung so vielschichtig sein können, daß bei ihrer Analyse Verwirrung entstehen kann. Dies gilt insbesondere für Diskussionen, die mit großem emotionalem Engagement und auf verschiedenen Abstraktionsstufen geführt werden. Der Themenkreis des „New Age“ fällt in diese Kategorie. Um so wichtiger ist es, um einen konstruktiven Beitrag zum Verständnis dessen, was unter „New Age“ gemeint ist, leisten zu können, sowohl dem Umfang als auch den zentralen Anliegen der New-Age-Bewegung und der New-Age-Idee gerecht zu werden. Zum anderen muß eine „Unterscheidung der Geister“ im Vordergrund stehen. New Ager kritisieren ihre Gesinnungsgenossen und wollen mit dem Etikett und dem Klischee der Bewegung nichts zu tun haben, Kritiker versteifen sich auf Behauptungen von Autoren, die Randerscheinungen der New-Age-Szene darstellen, und verfehlen damit das eigentliche Ziel. Vordergründige Kritik ist ja häufig nur ein Instrument, um die eigene Position zu bestätigen. Solche Kritik kümmert sich wenig um die tatsächlichen Gegebenheiten. Sie sucht nicht nach den Grenzen und den Tiefen ihres Gegenstandsbereichs, sondern nach Einzelphänomenen, Ereignissen, Zuständen, Formulierungen, durch deren Hinfälligkeit die eigene These erhöht wird. Es geht mir darum, solche substanzlose Kritik aufzudecken, wenn nötig, polemische Haltungen zu entlarven und alle nebensächlichen Auseinandersetzungen dorthin zu verweisen, wo sie hingehören: an den Rand der Diskussion.

Fangen wir deshalb gleich damit an, die verschiedenen Bedeutungen, in denen sich die Idee des Neuen Zeitalters artikuliert, zu unterscheiden. David Spangler, selbst einer der führenden New-Age-Autoren von optimistisch-enthusiastischem Gepräge, teilt dem New Age vorwiegend vier Bedeutungen zu:

1. New Age als oberflächliche Etikettierung. Es gibt New-Age-Restaurants, New-Age-Kleidung, New-Age-Buchläden, New-Age-Musik usw.
2. New Age als „Glitzerwelt". Spangler versteht darunter die vielschichtigen esoterisch-okkulten Umtriebe, Geheimgesellschaften selbsternannter Eingeweihter, exotische Kulte, chiliastische Sekten, eine Welt voller Meister, Adepten, Außerirdischer, Feen und Kobolde.
3. New Age als Metapher für Veränderung. Darunter wird die Idee einer neuen Kultur, einer neuen Zeit verstanden, wie sie sich in sozialer, ökonomischer und technologischer Hinsicht entwickelt, ohne besonderes Augenmerk auf die spirituelle Dimension zu legen.
4. New Age als „Inkarnation des Heiligen". Spangler versteht diesen Kontext als „ein spirituelles Ereignis, die Geburt eines neuen Bewußtseins, eines neuen Gewahrseins und einer neuen Erfahrung des Lebens". Hierin offenbare sich die Morgenröte einer „sakralen Zivilisation".[1]

Schon aus diesem groben Raster, der freilich in der Realität mannigfache Überschneidungen kennt, läßt sich die Position Spanglers und seine eigene distanzierte Haltung gegenüber abweichenden Ausformungen der New-Age-Idee aufzeigen. Von seiner Warte eines spirituellen Olymps aus gesehen, wird jede kleinliche Diskussion zu einem unbedeutenden Element, das in dem durch das New Age bewußt gewordenen Heilsplan einfach verschwindet. Immerhin, so hört man den New-Age-Propheten Sir George Trevelyan sagen, wird in der Neuen Zeit der Mensch zum „Partner Gottes“ [2], und Günther Schiwy stimmt von den lichten Höhen in den Chor mit ein: „Der Geist des Neuen Zeitalters ist der Geist Gottes“ [3]. Solche überschwenglichen Aussagen, mögen sie auch in den sie begründenden Erfahrungen Einsichten über das Kommende widerspiegeln, sind dazu angetan, Kritik hervorzurufen. Man wird der Vielfalt der Ausformungen von New Age, wie schon die Einteilung Spanglers zeigt, nicht gerecht mit der Verkündigung des bevorstehenden globalen Pfingstereignisses. Zumindest scheint es fragwürdig, welcher Geist sich auf die Vertreter dieser Bewegung herabgesenkt hat angesichts der Verwirrungen, Krisen und Ungereimtheiten, die es zu analysieren gilt.

Wir müssen zunächst ein differenzierteres Schema finden, um die verschiedenen Bereiche auszumachen, auf die sich Kontroversen beziehen. Ich gehe dabei in meiner Einteilung vorerst von Bereichen aus, die schwerpunktmäßig von Autoren, die zum New Age gezählt werden, behandelt werden.

1. Die mythisch-enthusiastische Ankündigung der Neuen Zeit. Sie ist von ungebrochenem Optimismus geprägt. Ihre Befürworter sehen allenthalben Symptome des Neuen, fühlen sich einer entstehenden neuen Menschheit zugehörig. Diese Ausformung der New-Age-Idee ist von einem bisweilen naiven, bisweilen mythischen, manchmal auch von einem messianischen Unterton gekennzeichnet. Zu den Autoren

dieser Prägung zählen Marilyn Ferguson[4], Sir George Trevelyan[5], David Spangler[6], Robert Muller[7].

2. Differenzierte Auseinandersetzung mit dem New Age. Hierbei handelt es sich um die historische, philosophische und soziologische Aufarbeitung des New Age. Dazu zähle ich auch alle kulturanthropologisch und politisch fundierten Beiträge zum Verständnis des Zeitenwandels. Dieser Bereich bildet den Kern intellektueller Auseinandersetzung mit der Idee vom neuen Zeitalter. Zu den wichtigsten Autoren zählen: Ken Wilber[8], William I. Thompson[9], Theodore Roszak[10], Fritjof Capra[11], Morris Berman[12].
3. Neue Wissenschaft – Neues Denken. Unter diesen Bereich fallen alle Versuche, ein neues Paradigma[13] in den verschiedensten Wissenschaften zu formen. Für das New Age geht es dabei primär um Modelle, die einem ganzheitlichen Wissenschaftskonzept verpflichtet sind: Systemtheorie, Selbstorganisation, Interpretationen quantenmechanischer Ereignisse, die herkömmliche Raum-Zeit-Vorstellungen überwinden, holographische Theorien des Gedächtnisses, morphogenetische Felder, Transpersonale Psychologie usw. Zu den Autoren des Neuen Denkens zählen u. a. Fritjof Capra[14], David Bohm[15], Karl Pribram[16], Stanislav Grof[17], Roger Walsh[18], Frances Vaughan[19], Arthur Young[20], Rupert Sheldrake[21].
4. New Age als ökologisch orientierter Traditionalismus. Darunter fallen alle Anstrengungen, Traditionen zu erneuern, die eine besondere Achtung der Erde im Sinne eines Lebewesens verfolgen (wie etwa in der „Gaia-Hypothese“[22] vertreten). Die Öko-Bewegungen, aber auch Friedensinitiativen, wie Peace-Net, Bioregionalismus und angepaßte Technologien zählen zu diesem Bereich. Hinzu kommen spezifische traditionelle Erneuerungen fern von ihren angestammten Entstehungsorten: Import von indianischer Weisheit („Medizinrad“, „Schwitzhütten“, „Baumzeremo-

nien"), schamanischen Techniken (Trance, Heilung, Krafttiere, „Castaneda-Mythologie"[23]), Erdrituale (archaischer oder feministischer Prägung) usw. Zu den Autoren zählen vor allem: Arnold Keyserling[24], Heide Göttner-Abendroth[25], Vine Deloria[26], Bernhard Schaer[27].

5. „New-Age-Szene": Psychogruppen, „Bruderschaften", Sekten. Dieser Bereich ähnelt Spanglers „Glitzerwelt". Es handelt sich um jenes Gebiet, in dem der „Suchende" für gewöhnlich seinen ersten sozialen Rahmen findet. Es ist auch der Ort der eigentlichen Verwirrung. Hier endet für viele bereits die Reise ins „Neue Bewußtsein", aufgehoben im Schoß einer Psychogruppe, in angeblicher tantrischer Verzückung oder im Dogma einer Sekte. Unter die Autoren, die sich diesem Aspekt des New Age gewidmet haben, zähle ich nicht die unübersehbare Vielzahl der „Anbieter", sondern Insider und Outsider, die sich eingehend soziologisch damit befaßt haben: Theodore Roszak[28], Karl-Wilhelm Schneider[29], Marilyn Ferguson[30], Hans-Jürgen Ruppert[31].
6. Neue Spiritualität. Zur Neuen Spiritualität zählen alle Ansätze, die Grenzen dogmatischer Religiosität überschreiten. Einerseits mit dem Ziel, die „Religion an der Basis aller Religionen, die erst Religion religiös macht"[32], erfahrbar zu machen, andererseits – und dies geschieht häufig in oberflächlicher Aneinanderreihung – um religiöse Traditionen nach eigenem Gutdünken frei wählen zu können. Charakteristisch für die Neue Spiritualität ist ihr ganzheitlicher, überkonfessioneller Ansatz und das Bestreben, den Alltag auf allen Ebenen des Lebens zu „resakralisieren". Eine Auswahl von Autoren, die sich diesem Themenkreis verschrieben haben: David Steindl-Rast[33], William Johnston[34], Bede Griffiths[35], Hugo Enomiya-Lassalle[36], Michael von Brück[37].

Die Kontroversen um das New Age beziehen sich zumeist auf einen dieser sechs Grundbereiche, wobei die anderen Bereiche entsprechend dem jeweiligen Kritikpunkt in die Argumentation mit einbezogen werden. Richtet sich die Kritik etwa gegen die undurchsichtige Psychoszene, in der ein New Ager nach Klarheit über sich selbst sucht, folgen Argumente von Narzißmus, Selbsterlösungsvorstellungen, apolitisches Kreisen um sich selbst etc. auf dem Fuß. Dabei gerät das New Age in einen Blickwinkel der Verzerrung; wenn auch die vorgebrachten Ansichten im Einzelfall ihre Berechtigung haben.

In meiner Behandlung der Kontroversen um New Age werde ich mich deshalb immer auf diejenigen zentralen Bereiche beziehen, die einer kritischen Einschätzung unterliegen. Dabei gilt es freilich, zunächst den eigenen Standpunkt darzulegen. Es wird mir im folgenden darum gehen, eine möglichst vorurteilsfreie Sichtweise aufrechtzuerhalten. Dennoch bin ich mir darüber im klaren, daß eine objektive Bestandsaufnahme Illusion ist. Darum sei hier mit wenigen Worten meine eigene Position umrissen, um Mißverständnissen vorzubeugen.

Wiederholt habe ich mich zur New-Age-Thematik geäußert[38], sowohl in wohlwollender wie auch in kritischer[39] Absicht. Vor allem in meinem Buch „Was ist New Age?"[40] vertrete ich die Ansicht, daß vielerorts ein Bewußtseinswandel in der westlichen Welt zu beobachten ist. Die Zeit des mental-ichhaften Bewußtseins, mit seiner Kulmination in einem unerbittlichen Realismus[41] und Rationalismus, hat das Projekt der Moderne mit ihrer progressiven Naturbeherrschung, wie Robert Spaemann es faßt[42], bis zu einem gewalttätigen Umgang mit Mensch und Natur geführt. Die Extremsituation, die wir damit erreicht haben, äußert sich in der Permanenz der Krise. Das Aufkeimen eines neuen Bewußtseins, das über die ganzheitliche Zusammenschau der Vernetzung aller Ereignisse zur Überwindung der mental-ichhaften Struktur führt, ist in der Tat im Entstehen begriffen. Es entspricht in seinen

Grundzügen dem, was Jean Gebser als „Welt ohne Gegenüber“[43] bezeichnet hat: keine *ich-lose*, sondern eine *ich-freie* Existenz, in der wir derart am Ganzen teilhaben, daß keine mentale Gerichtetheit, eben kein Gegenüber, mehr besteht. Freilich wäre es vermessen zu behaupten, dieses Bewußtsein hätte sich bereits Bahn gebrochen. Die Gegenwart ist eine Schnittstelle der Wandlung. Von der allein positiven Einschätzung dieses Bewußtseinswandels möchte ich absehen. Ich registriere ihn als ein Phänomen, aber insbesondere als ein Phänomen der westlichen Zivilisation. Und damit berühren wir schon die Problematik, der Bewußtseinsänderung evolutionäre Notwendigkeit unterschieben zu wollen. Handelt es sich denn hierbei um ein universales Geschehen? Findet sich nicht die Dringlichkeit nach einem Bewußtseinswandel in den radikalsten Auswüchsen des mental-ichhaften Bewußtseins beschlossen, wie es sich in den Veränderungen infolge der neuzeitlichen Wissenschaft manifestiert? Zum anderen bin ich nicht bereit, das Neue Bewußtsein als *die* große „Chance der Menschheit“[44], die Rettung vor dem drohenden Untergang, den Ausweg aus der Hoffnungslosigkeit zu sehen.

Zunächst kann festgehalten werden, daß sich im Bewußtsein vieler Menschen etwas bewegt. Vielleicht haben wir es nur mit Reaktionen auf Mißstände zu tun, vielleicht meldet sich nur das unerfüllte Sehnen nach dem Geheimnis, dem Irrationalen. Vielleicht aber sind die Wirrnisse und Verirrungen Ausdrücke der letzten Spasmen eines abgemeldeten Bewußtseinsniveaus, vielleicht die begeistert registrierten Pendelausschläge in ungeahnte neue Geistesräume. Wohin das Neue zu führen vermag – zahlreiche New-Age-Autoren scheinen dies genau zu wissen –, bleibt im dunkeln. Positiv schätze ich die geistige Sehnsucht ein, die sich im Drang zu umfassenderem Bewußtsein, zum „eigentlichen Leben“, zum Weg in die geistige Heimat äußert. Von verschiedener Seite ist meine Position als Gnosis ausgelegt worden[45]. Sofern darunter nicht fälschlicherweise ein dogmatischer Gnostizismus gemeint ist, sehe ich meinen Standpunkt tatsächlich als einen gnostischen. Ausgehend von der Grunderfahrung, zwar *in* der Welt zu sein, aber nicht *von* der Welt – eine Erfahrung, die aus der Tiefe der Seele aufsteigen muß, soll sie mehr sein als eine intellektuelle Spekulation –, bricht das Erlebnis der Entfremdung durch. Es ist eine Entfremdung von der Welt, als dem Ort der Illusionen, der Kopplung von Leiden und Lust, der *terra oblivionis* (Land des Vergessens) und immer zugleich eine Entfremdung vom irdischen Ich. Die Selbstentfremdung führt nur in unreflektierten Formen zur Ablehnung der körperlichen Existenz. Denn in der Erinnerung an unser pneumatisches (geistiges) Selbst erwächst die Gewißheit, daß ohne Zustand des Gefallen-Seins die Erinnerung gar nicht möglich ist, und aus ihr formt sich das befreiende Wissen (und das bedeutet „Gnosis“) um das Leiden Gottes im Dasein[46] und Gottes Bewußtwerdung im Menschen. Daß sich die Vorstellungen vom New Age von solchen gnostischen Unterströmungen speisen, davon bin ich überzeugt. Wie gnostisches Denken aber auch zu allen Zeiten zu maßlosen Fehleinschätzungen und Übersteigerungen des Menschen geführt hat, so sehen wir heute die Selbstinflation durch Identifizierung des Ichs mit Gott zu einem zweifelhaften postmodernen Übermenschenbegriff degeneriert, und die naiv-optimistische Erwartung der *apokatastasis* (Wiederherstellung) einer heillos zerrütteten Welt durch den Sprung auf die nächste Bewußtseinsstufe bleibt vielleicht die mächtigste Illusion, zu der das mentale Ich fähig war.

Von dieser Basis aus werde ich die Erscheinungsform des New Age zwischen „sanfter Verschwörung“ und „sanfter Verblödung“ darstellen. Dabei werde ich beides zusammenführen: auf der einen Seite die strittigen Punkte, auf der anderen Seite – unter Fortführung meiner Argumentation in „Was ist New Age?“ – die kulturhistorische Einordnung und Bedeutung dieser Zeiterscheinung. Insbesondere anhand der klareren Herausarbeitung des geschichtlichen und gesellschaftlichen Zusammenhangs soll auf jene Kontroversen eingegangen werden, die dieser Sichtweise widersprechen.

Zyklische Zeit und astrologische Spekulation

Die Zeit- und Geschichtsbetrachtung hat im Laufe der Jahrhunderte ihr Gesicht gewechselt. Die veränderten Ansichten haben mit Änderungen in den Lebenszusammenhängen zu tun. Diese wiederum sind von Bewußtseinswandlungen nicht zu trennen. Bei der Frage allerdings, was zuerst kam, die Änderung des Bewußtseins im Sinne einer Erweiterung oder Änderungen im Sozialgefüge (und dabei vor allem zunächst in der Art der Nahrungsbeschaffung), geht es uns so wie mit der Frage, was zuerst da war, das Ei oder die Henne. Richtiger ist es, von einer Gleichzeitigkeit zu sprechen. Oder besser noch: es ist kein Unterschied zwischen dem Aufkommen neuer Sozialgefüge, dem Entstehen von Ackerbaukulturen aus Jägern und Sammlern, Städten vom Nomadentum, Schrift aus der Schriftlosigkeit und dem Erscheinen einer entsprechenden neuen Bewußtseinsebene. Wir haben es lediglich mit den zwei Seiten einer Medaille zu tun. Das innere und das äußere Ereignis entstehen gemeinsam, können nur gemeinsam und in Entsprechung zueinander entstehen.

Wir berühren damit bereits einen Punkt, der von der neuen Biologie und Neurophysiologie von Francisco Varela und Humberto Maturana vertreten wird[47], der eben diesem Umstand Rechnung trägt: die Welt wird nicht abgebildet, sondern fortschreitend entworfen. Unser Geist ist nicht ein Fotoapparat für die äußere Wirklichkeit, sondern ein komplementärer Bestandteil zur physischen Welt. Gemeinsam *wird* in jedem Augenblick das, was wir Realität nennen.

Seit es geschichtliches Denken gibt, veränderte es sich im gleichen Maße, indem sich das Bewußtsein wandelte.

Das älteste Geschichtsbild erfaßt den Fortgang auf der Erde in Homologie zu astronomischen und astrologischen Theorien. Es ist grundsätzlich ein zyklisches Geschichtsbild und findet sich in seinen wahrscheinlich ältesten Ausformungen in indischen Welterneuerungsmythen. Seine äußere Entsprechung findet der zyklische Zeitbegriff durch die Ackerbaukultur. Zum ersten Mal konnte der Mensch sich den natürlichen Ablauf von Säen, Wachsen, Reife, Ernte zunutze machen. Die unmittelbare Befriedigung von Hunger, die der Jäger durch das Erlegen eines Tieres leistete, kann in der Ackerbaukultur aufgeschoben werden. Der Mensch begreift, daß zum Kulminationspunkt des natürlichen Zyklus geerntet werden kann. Die Bedürfnisbefriedigung kann nur durch den Bewußtseinssprung auf ein zyklisches Zeitverständnis gesichert werden. Freilich, die komplexen Vorgänge, die zu diesem Ergebnis führten, sind auf vielen Ebenen zu suchen. Doch man darf nicht glauben, daß ein zyklisches Zeitbewußtsein als etwas völlig Neues ins Leben der Menschen kam. Lange davor war es in der Erfahrung vorgebildet. Insbesondere in Breitengraden mit deutlich unterscheidbaren Jahreszeiten waren auch die frühen Jäger ins zyklische Geschehen von Werden, Erblühen, Welken, Sterben und Wiedergeburt eingewoben. In tropischen und subtropischen Gebieten gab die Aufeinanderfolge von Regen- und Trockenperioden das einfachste Schema der zyklischen Zeit ab.

Doch nicht allein auf den Rhythmus der Natur blieb diese Erfahrung beschränkt. Schon die steinzeitlichen Himmelsbeobachter haben auf der Projektionsfläche für ihre Götter den Gang der Sonne, den Wechsel der Mondphasen, die Wiederkehr der Planeten und der Planetenkonstellationen verfolgt. Die Kopplung von himmlischem und irdischem Kreislauf ist Ausgangspunkt des hermetischen Diktums: Wie oben, so unten. Aus dem umfassenden Verständnis der zyklischen Zeit sind die Mythologeme der in die Unterwelt absteigenden Persephone, des aus der Unterwelt von Inanna heraufgeholten Heros Dumuzi und die anschließende Feier der Heiligen Hochzeit im Frühling entstanden. Die kultischen Feste und die Initiation von Schamanen-Novizen, die einen Höhlenaufenthalt und das Hervorholen aus der Höhle im Sinne einer Neugeburt kennen, entstanden ebenfalls in Entsprechung zur Ausbildung des zyklischen Bewußtseins. In der Mythologie wie im Kult drückt sich die Universalität dieser Zeiterfahrung aus.

Aus der neuen Bewußtseinshaltung heraus sind die ersten Zeitmeßinstrumente entstanden – Peilsteine und Medizinräder[48]. Allmählich differenzierte sich daraus ein abstrakter Zeitbegriff. Es formte sich die Idee von Epochen. Die große Epoche wird zur Periode eines Zyklus von Aufstieg, Höhepunkt und Verfall. Die astrologische Spekulation hat sich dieses Schema erhalten. Es findet sich in der Einteilung der Tierkreiszeichen in vier Dreiergruppen: kardinale, fixe und variable Zeichen. Sie entsprechen dem Aufbruch, dem Ruhen auf dem Höhepunkt und der Wandlung in Neues. Auf mythologischer Ebene entspricht der astrologischen Dreiteilung die Vierteilung der Weltzeitalter des Hinduismus. Dieser Lehre entsprechend erfolgt das Geschehen auf der Welt in vier Zeitaltern von abnehmender Weisheit, Rechtschaffenheit, Klarheit. Das Krita-Yuga ist das Goldene Zeitalter des Neubeginns. Ihm folgt das Treta-Yuga, in dem die Rechtschaffenheit um ein Viertel nachläßt. Im Dvapara-Yuga ist die Rechtschaffenheit auf die Hälfte ihrer ursprünglichen Vollständigkeit geschrumpft. Schließlich im dunklen Zeitalter, im Kali-Yuga, bleibt nur noch ein Viertel an Rechtschaffenheit übrig, spirituelle Bemühungen schlafen ein, Erkenntnisse geraten in Vergessenheit, das Böse, Krankheiten, Zorn, Hunger, Krieg, Furcht und Verzweiflung dominieren. Ende des vorigen Jahrhunderts hat Shri Yukteshvar, der Lehrer von Yogananda Paramahamsa, in seinem Buch „Die heilige Wissenschaft" die Berechnung der Yugas, die nach althergebrachter Ansicht zusammen jeweils 4,3 Millionen Jahre dauern, mit der astrologischen Zyklenrechnung verbunden und entsprechend verkürzt. Der Zyklus eines Maha-Yuga, der die vier Zeitalter abnehmender Rechtschaffenheit umfaßt, entspricht darin dem „platonischen Jahr" der Astrologie. Dieses besteht in einem Zeitraum von etwa 25000 Jahren. So lange benötigt der Punkt des Frühlings-Äquinoktiums, um – aufgrund der Verschiebung durch die Präzession der Erdachse um den Pol der Ekliptik – wieder an seinen Ausgangspunkt zurückzukehren. In diesem Zeitraum, so die astrologische Spekulation, steht das Weltgeschehen in Perioden von etwa 2000 Jahren, den Weltenmonaten, unter dem Einfluß des jeweils herrschenden Zeichens.

Auf diese Weise gelangen wir zu einem Epochenbegriff, der sehr alte Wurzeln hat und seine Berechtigung aus der zyklischen Zeitauffassung gewinnt. Dieser Epochenbegriff ist Teil der Basis für das Selbstverständnis des New Age. Nicht umsonst wird – allerdings in immer geringerem Maße – das New Age auch als das „Wassermann-Zeitalter" bezeichnet. Die Welt komme gegenwärtig – den genauen Termin kann niemand angeben – unter den Einflußbereich des Zeichens „Wassermann". In der New-Age-Literatur wird dieser Umstand bisweilen als eine Art „Erklärung" für eine notwendige und unausweichliche Entwicklung gesehen. In naiver Weise auf das Eintreffen der Wassermann-Zeit zu warten, gehört sicherlich zu den dümmsten Fehlhaltungen bestimmter New Ager. Zu Recht wird diese Haltung kritisiert[49], insbesondere da, wo sie die Form mythisch-enthusiastischer Ankündigung erfährt (in meinem obigen Schema Punkt 1): „Während der letzten zehn Jahre hat sich eine Kraft, die man am besten Liebe nennt und die eine sehr hohe Schwingung von Licht und Harmonie ist, über die Welt der Materie ergossen und ihre Frequenz erhöht"[50]. Diese von außen auf geheimnisvolle Weise auf uns wirkende Wassermann-Energie soll, so George Trevelyan, uns zu einem „fünfdimensionalen Bewußtsein“ katapultieren. Eine der großen Gefahren des New Age besteht darin, vollkommen auf das Heil von außen zu warten. Aus eben diesem Grund wird der Idee des Wassermann-Zeitalters oftmals mit großer Skepsis begegnet. Auch New Ager tun gut daran, dem astrologischen Begriffsgerüst allein zu mißtrauen. Das darf man nicht damit verwechseln, die Vorstellung des natürlichen Eintretens einer neuen Epoche vollständig zu verwerfen. Vielmehr gilt es, unter Einbeziehung des zuvor Dargelegten, die Entsprechung von innerem und äußerem Geschehen im Auge zu behalten. Wir werden die Neue Zeit nur in dem Maße erleiden, wie wir selbst bereit sind, Schritte auf dem Weg zu einer höheren Bewußtseinsstufe zu gehen.

Auf diesem Pfad kann die hinduistische Epochenbetrachtung in Yugas ebenfalls förderlich sein. Es gibt Denker, die ihrer esoterischen oder bewußtseinsgeschichtlichen Ausrichtung wegen wichtige Beiträge zur Idee des Neuen Zeitalters geliefert haben, aber zu einer viel pessimistischeren Gegenwartsanalyse gelangen als die meisten New-Age-Verkünder. Unter ihnen ragt vor allem René Guénon heraus[51]. Guénons Pessimismus ist darauf zurückzuführen, daß er unser Zeitalter, in klassisch hinduistischer Manier, als das Zeitalter des Kali-Yuga betrachtet. Wir sind an einem Tiefpunkt angekommen, aus dem uns nur noch die Erinnerung und Wiedereinsetzung der Tradition herausführen kann. Unter Tradition versteht Guénon das überlieferte Wissen. Nicht etwa ein einmal akkumuliertes und dann verlorenes Weltwissen, sondern ein Wissen aus der „Quelle“. Er sieht dieses heilige Wissen im Kern der Religionen bewahrt als eine Philosophia Perennis (Ewige Philosophie), wie sie Wilber und Huxley verstehen[52]. Gemäß der Verdunklung der ursprünglichen Klarheit im Abstieg durch die Yugas ist aber selbst dieser Kern nur noch bruchstückhaft und verworren erhalten geblieben. Allein in der Wendung zurück zur Überlieferung vermag das moderne Bewußtsein, so Guénon, das

Kali-Yuga zu beenden und in ein neues Goldenes Zeitalter vorzustoßen. So betrachtet, verbirgt Guénons pessimistische Bestandsaufnahme ein eminent optimistisches Zukunftsbild. Doch für ihn ist nicht ausgemacht, ob es dem modernen Menschen gelingen wird, die Krise seiner geistigen Dunkelheit, die das rationale, mental-ichhafte Bewußtsein als Klarheit auslegt, zu überwinden. In jedem Fall hält Guénon dem hybriden materialistischen und egozentrischen Ich-Bewußtsein den Spiegel seiner Selbstgefangenheit vor. In diesen muß es blicken, auf den Grund seiner höchsten Ausbildung, lange genug, um aus der weiten Entfernung vom Ursprung dessen Gegenwärtigkeit tief im Innern zu vernehmen[53]. Die mahnenden Worte Guénons haben mich stets an „Hyperions Schicksalslied" von Hölderlin erinnert mit seiner ungemein bedrückenden Stimmung:

... Doch uns ist gegeben,
Auf keiner Stätte zu ruhn,
Es schwinden, es fallen
Die leidenden Menschen
Blindlings von einer
Stunde zur andern,
Wie Wasser von Klippe
Zu Klippe geworfen,
Jahr lang ins Ungewisse hinab.

In beiden Fällen, in der astrologischen Spekulation wie in der mythischen, muß sich die Bestandsaufnahme dem Vorwurf der Irrationalität stellen. Werden hier Pseudo-Erklärungen geboten für Wunschvorstellungen? Zugegeben, werden solche Vorstellungen unreflektiert übernommen, dann nehmen sie tatsächlich den Rang einer unbegründeten Überzeugung an. Nicht umsonst fühlen sich New-Age-Sympathisanten zu religiösen Gruppierungen hingezogen, die der Idee eines gegenwärtigen Kali-Yuga verschrieben sind. Die indische Religionsgemeinschaft der Brahma Kumaris, die sich durchaus regen Zulaufs in westlichen Ländern erfreut, lehrt die Methode des Raja Yoga. Mit Hilfe dieser Meditationsform gewinnen die Mitglieder der Brahma Kumaris Einblick in die reine Seele Shivas und werden so als Ausgewählte die Kataklysmen des endenden Kali-Yuga „überleben“ – allerdings reinkarniert an der Seite Krishnas im neuen Goldenen Zeitalter. Dies ist der zeitgemäß exotische Import eines griffigen Heilsversprechens, wie es, nach der endzeitlichen Ausgießung des Geistes von Joel (3, 5) jenen verheißen wird, die „den Namen des Herrn anrufen“. Für Alleingelassene, die beim Blick nach innen und unten erschauern, wird so die Sekte um den Propheten, die Bruderschaft um den Visionär ein Gefäß für seine Ausweglosigkeit; freilich auch für seine Unfähigkeit, vor der Erfahrung geistig zu bestehen.

Dennoch kann man weder die astrologische noch die mythisierende Betrachtungsweise zyklischer Weltabläufe ignorieren. Ich meine, man muß sie in einer neuen Weise betrachten. Diese neue Weise ist gewissermaßen selbst schon eine Grenzüberschreitung des vorherrschenden Bewußtseins. Es geht darum, die Zusammengehörigkeit von Bewußtseinsebenen und ihre sowohl mythischen wie rationalen Ausdrucksweisen in bezug auf die jeweils gegenwärtige Situation zu sehen.

Äon der Fische

Die Astrologie hat, als Entsprechungslehre zwischen den himmlischen und den irdischen Ereignissen, die intellektuelle Gestalt von Geschichte und Schicksal über Jahrtausende geprägt. Als Ausdruck der übergreifenden Verbindung von Geistigem und Körperlichem kann sie auch heute noch ein Ordnungsschema für Zeitströmungen sein. Darin findet das Wassermann-Zeitalter seine intellektuelle Berechtigung. Auch für eine pragmatisch verstandene Rationalität trägt das astrologische Modell: als heuristisches Instrument. C. G. Jung hat in seiner exzellenten Analyse der vergangenen zwei Jahrtausende als das „Fische-Zeitalter“ in diesem Sinne einen bedeutenden Beitrag zum kultur- und religionshistorischen Verständnis geleistet[54]. Wirksam ist seine Analyse, weil die astrologische Spekulation kein willkürlich und bezugslos erfundenes System darstellt. Sie ist vielmehr die mythisch gewachsene äußere Abbildung von Bewußtseinsstrukturen. Der Wandel der Mythologeme, als auch astrologischer Interpretationsformen, entspricht den Ahnungen der Ganzheit, die sich das Bewußtsein zu den verschiedenen Zeiten machen konnte. Insofern begreift Jung die Aufschlüsselung von Symbolen nicht allegorisch oder semiotisch, sondern als den Versuch, „die bestmögliche Bezeichnung und Formulierung eines nicht völlig erkennbaren Objekts“[55] verständlich zu machen. Seine Analyse setzt freilich eine neue, „bessere“ Möglichkeit, das nicht völlig Erkennbare zu bezeichnen, voraus. Mithin ein erweitertes Bewußtsein.

Das astrologische Denken hat bis in das 17. Jahrhundert die gelehrten Diskussionen begleitet. Erst durch den radikalen Bruch mit rational nicht begründbaren Entsprechungslehren im Zeitalter der Aufklärung wurde sie verbannt. (Im übrigen sieht darin Guénon die tragische Entwicklung, die zum raschen Verlust des Geistes der Überlieferung geführt hat, wie er sich bereits in der Trennung von Morgen- und Abendland in der klassischen Antike angekündigt hatte. Der Vorwurf an das New Age, die sozialen und geistigen Errungenschaften der Aufklärung rückgängig machen zu wollen, ist im Kern ein Hauptargument der Kritik. Er wird uns im Laufe dieses Buches auf verschiedenen Ebenen immer wieder beschäftigen.)

Das astrologische Zeichen der Fische spielte im christlichen Fische-Zeitalter, das bekanntlich unter dem Zeichen des „Fisches“, als Symbol für Christus, stand, eine eminent wichtige Rolle. Im Mittelalter, als die Gelehrten einen besonderen Hang zu magisch-mathematischen Entsprechungen zeigten, wurden Idealhoroskope für Christus ersonnen. Albumasar und Albertus Magnus nahmen als Aszendenten Jungfrau an, während Petrus de Aliaco und Cardanus auf Waage tippten. Man errechnete wichtige Konjunktionen als Ausgangspunkte der Weltreligionen. Das Christentum habe seinen Ursprung, so glaubte man, in der Konjunktion von Jupiter und Merkur, der Antichrist soll sich in der Konjunktion von Jupiter und Mond offenbaren. Das Kommen des Messias wurde unter verschiedenen Konjunktionen im Zeichen Fische erwartet. Johannes Kepler schrieb: „Inmaßen er die Geburt seines Sohnes Christi unseres Heylandes gleich zur Zeit der großen conjunction in Zeichen der Fische und des Widders, circa punctum aequinoctialem geordnet.“ [56] Im Jahre 7 v. Chr. fand dreimal die große, bedeutende Konjunktion von Jupiter und Saturn in Fische statt. Es ist jene Konjunktion, unter der Abarbanel das Kommen des Messias erwartet. Den Sternkundigen muß diese besondere Konjunktion ins Auge gefallen sein, denn es handelt sich um das Zusammentreffen zweier extremer Gegensätze: Saturn steht für Tod und Dunkelheit, Jupiter aber für Leben und Licht [57]. Die größte Annäherung der beiden Planeten fand am 29. Mai statt, also mit der Sonne im Zeichen der Zwillinge. Damit fällt Christus, der, so die Spekulation, unter diesen Konstellationen geboren wird, in Entsprechung zu den Zeichen, eine Doppelpersönlichkeit zu: irdisch und himmlisch, dunkel und hell [58]. Jupiter und Saturn stehen als gegensätzliche Kräfte, ebenso das Bruderpaar der Zwillinge, und auch das Symbol der Fische ist ja von zwei entgegengesetzt schwimmenden Fischen gekennzeichnet. „Diese der Antike durchaus möglichen astrologischen Feststellungen bedeuten einen eminenten Doppelaspekt der in diesen Zeitpunkt fallenden Geburt, und man versteht, wie plausibel dem astrologischen Verständnis jener Zeit der in die Erscheinung tretende Christus-Antichristus-Mythus vorgekommen sein muß“ [59]. Jung fährt schließlich fort, den christlichen Äon zu charakterisieren durch seine entsprechende Aufspaltung in die Extreme von Helle und Dunkelheit, wobei er geschichtlich ein Umschlagen von der christlichen Haltung in seine Schattenseite, die antichristliche, schon im 11. Jahrhundert ausmacht, die sich aber erst in der Renaissance und in dem folgenden Siegeszug von Rationalismus, Intellektualismus und Doktrinarismus ausbildet. Im 11. Jahrhundert beobachten wir eine auffällige Beunruhigung und Bewegung der Geister. Neue und unerhörte Gedanken, die uns in ihrer utopischen Kraft weiter unten beschäftigen werden, erfüllen die Bewegungen der Katharer, Patarener, Waldenser, Concorrezaner, Pauperes de Lugduno, Begharden, Fratres Liberi Spiritus etc. Es handelt sich um Menschen, die sich als Übermenschen wähnen, sich mit Gott identifizieren, dem geschriebenen Bibelwort gegenüber kritisch sind, dem inneren Menschen als Gefäß für den Parakleten folgen und das Himmelreich in gewissem Sinn als einen inneren Zustand begreifen. Ungemein modern muten diese Gedanken an, und doch waren viele ihrer Befürworter von einer religiösen Inflation überschwemmt. Jung sieht darin, obwohl er den mächtigen Erneuerungsdrang im Erfaßtsein vom „Archetypus des Geistes" positiv deutet, den direkten Ausdruck einer entstehenden antichristlichen Psychologie: In der Seele des Menschen findet die dem Äon entsprechende Wandlung statt. Später sollte sie zum Ungeist und damit zur Tragik der Moderne werden. Die lebensfeindliche, verobjektivierende Wissenschaft, Technik und das entsprechende Lebensgefühl stehen für die vollständige Ausfaltung des Antichristlichen. In der Steigerung von Materialismus, Realismus und Rationalismus zum „wahrhaft Teuflischen"[60] materialisiert sich der Widerpart Christi, sein Schatten, der zweite Fisch. Symbolisch gesprochen, wurde das Zeitalter der Fische durch das Motiv der „feindlichen Brüder regiert". Im Äon des Wassermanns wird sich, so Jung, das Problem der Gegensatzvereinigung stellen; eine Wiederherstellung, die nicht von außen, politisch oder ökonomisch geleistet werden kann, sondern allein „vom einzelnen Menschen her“ in der „Urerfahrung des lebendigen Geistes“, der das Getrennte wieder zusammenführt[61].

Jungs Analyse verbindet auf allen Ebenen psychisches und historisches Geschehen. Für ihn hat der Weltenlauf seine mythischen Begleitformen im unermeßlichen Reservoir des kollektiven Unbewußten. Doch vielmehr scheint das Menschheitsschicksal nicht von numinosen unbewußten Mächten gesteuert, sondern in Kongruenz zur Evolution des Bewußtseins sich zu erfüllen. Die Welt des kollektiv *Un*bewußten ist lediglich ein Spiegel für den Grad unseres *Be*wußtseins. In der hinduistischen Lehre des *pratibimba-vada* wird das verkörperte Selbst als Reflexion des höchsten, absoluten Bewußtseins, *brahman*, eingetaucht in *avidya* (Nicht-Wissen) verstanden. Das kollektiv Unbewußte ist ein Aspekt von *avidya.* Seine Enträtselung und Benennung, zu der die dunklen Pfade des Jungschen Denkens viel beigetragen haben, sind Schritte zur Verringerung von *avidya.* Die Entwicklung des menschlichen Bewußtseins, wie es sich unserem gegenwärtigen, evolutionistisch denkenden Bewußtseinsniveau darstellt, kann als sukzessives Ablegen von *avidya* verstanden werden[62]. Diese Haltung wird von New-Age-Kritikern gern als idealistische Spekulation im Geiste Hegels abgetan. Wahr bleibt allerdings, daß sie einer inneren Erfahrung entspricht, einem Drängen zu höherer Bewußtheit. Sie allein rechtfertigt die vertikale Hoffnung des Menschen. Sie *ist* das mächtige Sehen, das durch unsere Zeit geht, wie es, in mehr oder weniger auffallenden Formen, durch alle Zeiten ging.

Dennoch, wie wertvoll die Jungsche Darstellung des Äons der Fische für unser Verständnis des Zusammenhangs von menschlichem Bewußtsein und Geschichte auch ist, über die noch nicht eingetroffene Zeit lassen sich nur Mutmaßungen anstellen. Interessant ist der Umstand, daß wir uns gegenwärtig, wollen wir die astrologische Sichtweise für einen Augenblick noch beibehalten, in der

Endzeit des alten Äons befinden. Schließlich beginnt das Neue nicht mit einer klaren Zäsur, wenngleich viele Mythologien der Zeitalter katastrophale universale Veränderungen beinhalten. (Auch der Beginn des Fische-Zeitalters war von allmählichen Umwälzungen geprägt.) Der auslaufende Äon hatte in seiner Anlage bereits das Ende symbolisch vorgeformt: den Kampf der feindlichen Brüder. Nicht am Ende der *Zeiten* steht der Endchrist (was eine andere Bezeichnung für Antichrist ist), sondern am Ende des ihm angestammten *Zeitalters.* Und folgen nicht die zahllosen Weissagungen von der Endzeit und der Endschlacht durch die Jahrhunderte[63] hindurch der gleichen astrologischen und mythischen Intuition? Auf das Ende des 20. Jahrhunderts sind viele Endzeitprophezeiungen von Nostradamus bis zur Päpsteweissagung des Malachias[64] gemünzt. Wer den Untergang der Welt erwartete, wurde oder wird vielleicht nicht enttäuscht. Denn die Prophezeiungen spiegeln die richtige Intuition über das Ende eines Zeit*abschnitts* wider. Ein Ende allerdings, das durch die Ladung der Gegensätze tatsächlich gewalttätig ist. Zwischen der Hybris der Vernunft mit ihren Werken und der Erfüllung der geistigen Sehnsucht, die über das Mental-Ichhafte hinausweist, entbrennt der Kampf. Das Tragische, aber auch die große Chance an ihm ist, daß es nur äußerlich ein Kampf von Gruppen, Anschauungen, Lebenshaltungen gegeneinander ist. In Wahrheit aber, und das hat niemand deutlicher gemacht als Jung, findet der Kampf in der Seele jedes einzelnen statt. In uns ist der Schauplatz der feindlich gesinnten Gegensätze. Von dort geht jeder Optimismus nach dem Neuen Zeitalter aus, von dort erhebt sich das Geschrei dagegen. Allein in unserem Inneren wird sich entscheiden, ob die Gegensätze die Welt zerreißen oder heilen werden.

Unilineare Zeit: Ausrichtung auf das Neue

Das New Age versteht sich aber nicht allein auf der Basis der zyklischen Geschichtsbetrachtung. Dem radikal Neuen, das durch seine Befürworter verkündet wird, liegt zugleich das unilineare Geschichtsbild, das im jüdisch-christlichen Altertum entstanden ist, zugrunde. Dieses wird heute im Sinne biologischer und deutlicher noch im Sinne geistiger Evolution verstanden[65]. Die jüdisch-christliche Voraussetzung hierfür ist die zwischen Weltschöpfung und Weltende ausgespannte Menschheitsgeschichte. Sie kennt nur eine einzige große Zeit- und Wertzäsur im Erscheinen Christi[66]. Diese unilineare Geschichtsauffassung erfuhr im Lauf der Zeit immer neue Unterteilungen in Epochen. Schon Paulus begründet die Dreiteilung, indem er mit der mosaischen Gesetzgebung einen neuen Zeitabschnitt beginnen läßt. Die Dreiteilung hat in der Tat bis in unser Jahrhundert nachgewirkt: über Joachim von Fiores Lehre der drei Reiche (die uns im heilsgeschichtlichen Kontext des New Age noch beschäftigen wird), Vicos Zeitalter der Götter, Heroen und Menschen (die er allerdings als Kulturverfall, ähnlich den zyklischen Yugas verstand), über den an Joachim anknüpfenden Lessing, Hegels Aufeinanderfolge von Kunst, Religion und Philosophie, bis zu Comtes religiösem, metaphysischem und positivem Stadium. Am meisten durchgesetzt hat sich aber die Sechsteilung mit ihrem Bezug auf die Schöpfungswoche. Augustin war der erste, der die sechs Weltepochen mit den aus der Geschichte bekannten Zeitabschnitten identifizierte. Im deutschen Idealismus schließlich wandelt sich diese Epocheneinteilung zu einer bewußtseinshistorischen Erfassung der Zeit. So etwa in Fichtes fünf Hauptepochen als Entfaltungsstufen des Bewußtseins: in der ersten herrscht der Instinkt, in der letzten die zu sich selbst gekommene reine Vernunft. In dieser Zeit treten uns zum ersten Mal deutlich die Stimmen zu Ohren, die nach einer nie dagewesenen Zukunft verlangen. Der Siegeszug der Aufklärung hat feurige prophetische Geister geweckt, deren gemeinsames Merkmal die Verwurzelung jenseits des Alltagsbewußtseins ist. Der Ruf nach Erneuerung des Lebens im geistig Höheren, das unter der Fessel der Vernunft zu ersticken drohte, wurde laut und verzweifelter. Ich meine damit etwa die Stimmen eines Hölderlin, später eines Nietzsche; Gestalten, die sich einer idealisierten fernen Vergangenheit beziehungsweise einer mächtigen Seelentiefe zugehöriger fühlten als der Zeit und den Umständen, in denen sie lebten. Doch zugleich waren sie eminente Zu-früh-Geborene, die ihr Wollen und Sehnen an eine kommende Zeit verloren hatten. „Mein eigener Vorläufer bin ich unter diesem Volk", schreibt Nietzsche im Zarathustra. Eng, traurig, uneigentlich wird es in der eigenen Gegenwart. So unbequem ziehen sich dichte Wolken über einen Äon zusammen, daß Klages feststellen kann, die Erdessenz habe in den achtziger Jahren des 19. Jahrhunderts den Planeten verlassen.

In welche Zukunft, muß man sich fragen, hätte ein Hölderlin gepaßt, dessen Liebe sich auf „das Geschlecht der kommenden Jahrhunderte" warf[67], oder ein Nietzsche, diese „Frühgeburt einer noch unbewiesenen Zukunft"[68]? Ins Dritte Reich? In die Zeit des Wirtschaftswunders? Gar in unsere postmoderne Gegenwart mit ihren erbarmungslos unentrinnbaren Amüsements? Wohl kaum. Das Sehnen, das stellvertretend ausgerufen wird, sucht zentrifugal den Geisteshorizont – in der Tiefe des Unbewußten, in der Höhe des Überbewußten, in der Apotheose einer lichten Vergangenheit, in den äußersten Möglichkeiten einer lebenswerten Zukunft. In die Zeit „Niemals" leuchten diese Gestalten. Die mächtigste Utopie, nämlich die nach der geistigen Quelle und Heimat, ist in ihnen wirksam.

In der Verschränkung von unilinearem und zyklischem Welterneuerungsgedanken läßt sich eben dieser Geist der

Utopie als stärkste Triebfeder der New-Age-Bewegung ausmachen. Wir werden uns auch zu fragen haben, warum das utopische Moment gegenwärtig mit solcher Macht an die Oberfläche drängt. Eine sehr reservierte Haltung nimmt die Kritik am „Unterstrom des Utopischen“[69] der New-Age-Bewegung ein. Die utopische Hoffnung, wie auch die mythische Setzung des Ursprungs in die Gegenwärtigkeit[70], ist suspekt ob ihrer irrationalen dunklen Tiefe, aus der sie emporsteigt. Die kritische Betrachtung bescheinigt ihr den Wunsch nach einer „sakralen Ordnung und Kultur“, die Festschreibung der „Parusie als Vollendung der Geschichte“ in der Jetztzeit, den Wandel von der „Wendezeit zum Advent“[71]. Mithin handelt es sich um heilsgeschichtliche Topoi, die eine rationalistische Kritik erkennt und brandmarkt. Die Utopie selbst ist den New-Age-Kritikern nur bedingt ein Dorn im Auge, sind sie nicht selber Sympathisanten der Utopie des Fortschritts, und sei es nur des Fortschritts zu einer von der Vernunft regierten Welt. Das Unbehagen mit der New-Age-Utopie besteht darin, daß sie sich von einer absolut aufgefaßten Geistigkeit her speist, mit ihr werden eschatologische Vorstellungen der Religionen in Lebensmaximen verwandelt. Solche Utopie ist ein Anschlag auf die Ordnung einer in Mechanismus und Materialismus unterzugehen drohenden Welt.

Betrachten wir einmal die Ausbildung der Utopie des Neuen Zeitalters und ihre Voraussetzungen. Utopie hat ihren Ausgangspunkt in der Unruhe des Geistes. Sie ist die Suche nach dem *eigentlichen* Leben, nach dem, was als Versprechen vollgültig und umfänglich im Leben liegt. In der utopischen Vorstellung kondensiert sich die Gleichung: Leben ist Sinn. Doch was bewegt das Bewußtsein, das sich lebendig begreift, wenn nicht die schmerzliche Erfahrung des Mangels, der Unrichtigkeit, der Schieflage, der Uneigentlichkeit? Utopie ist die gedankliche Projektion der Abschaffung des Mangels. Aus ihr wächst der Wunsch nicht nur zu einer Veränderung des gegenwärtigen Zustands, sondern zur Verwirklichung von dem, was mit Leben in allen Möglichkeiten intendiert ist. Damit setzt die charakteristische Bewegung weg vom *status quo*, weg vom Hergebrachten ein und zielt auf äußerste Verbesserungssehnsucht. Selten deutlicher formulierte sich der Wunsch nach Verbesserung zum Höchsten in seiner körperlichen wie psychischen Dimension in den Allegorien, Arbeiten und philosophischen Systemen der Alchemisten. Das edelste Metall, das Gold, das schlummernd im dunklen Leib des materiellen Chaos verborgen liegt, galt es aus dem Kerker der Unvollkommenheit zu lösen und zu erlösen. Der äußeren Arbeit glich die innere. Sie verlangte nach Destillation des gefallenen, selbst-vergessenen Adepten, um das in ihm anwesende reine Bewußtsein zu sondern und zum Ausdruck zu bringen. Die Alchemie, und ich meine damit nicht die kuriosen, magisch-obskurantistischen Traktate von Pseudo-Eingeweihten, verkörpert die *Machbarkeit* der Utopie: Vervollkommnung von Seele *und* Leib.

Die Utopie geht demnach immer von einer verborgenen Vorhandenheit aus. Ist die ontologische Setzung von Vollkommenem mythologisch und utopisch[72], so scheint sie mir Voraussetzung des utopischen Ausgangspunkts zu sein. Wer Utopie nur als irdische Verbesserung der *conditio humana* begreift, etwa als Marx' Vorstellung vom „Überfluß für jeden" – eine Utopie, die in unserer Gegenwart längst tot ist –, der verfehlt ihr Wesen. Das Drängen aus der Tiefe der Seele nach Heimkehr des in *avidya* versunkenen Bewußtseins ist der einzige und zentrale Antrieb aller Utopien, bis zu den materialistischsten und lebensbedrohlichsten. Die Grunderfahrung kennt den Unterschied zwischen Mythos und Utopie nicht, vielmehr, sie ist identisch mit der Vorstellung vom absoluten Geist als Zielpunkt und mit dem Entdeckungswillen im Unbekannten.

Die Idee vom „Goldenen Zeitalter" aus ferner Vergangenheit, vielleicht sogar jenseits des in Zeitfolgen ausdrückbaren Gewesenen, wie die „Traumzeit" der australischen Ureinwohner[73], ist aufs engste der Psychologie der Utopie zugehörig. Wenn in ferner Zukunft oder jenseits jeder materialisierten Zukünftigkeit das utopische Grundmoment in seine vollkommene Ausfaltung treten wird, dann ist die Annahme eines vorausgegangenen Zustands der Vollkommenheit die Projektion der im Menschen immer anwesenden verdunkelten Vollendung. Der inneren „Herkunft" wird eine äußere zur Seite gestellt. Aus dieser projizierten Geschichtsauffassung erwächst die Möglichkeit, Gründe für den Verfall zu finden. Solche Gründe sind immer Beschränkungen der Unmittelbarkeit, in der sich die ursprüngliche Ganzheit ausdrückte. Die Sprache etwa, als faßbarer Ausdruck diskursiven Denkens. Durch Symbolisierung wird Sprache zu einem System von Gleichungen. Sie *ist* nicht die Wirklichkeit, sie *verweist* auf die Wirklichkeit. Die Sprache legt eine Barriere zwischen Mensch und Welt und Mensch und Mensch, worin Unmittelbarkeit, nur wenn sie sich auf die Sprache selbst bezieht, Raum hat. Auch der sprachlich erfaßte Mythos ist gewissermaßen zum doppelten Gleichnis geworden. Sprache hat einen Wald von Ersatzbildern hervorgebracht, die es wiederum zu deuten gilt. Die Semiotik will uns die Zeichen auslegen, indem sie ihrerseits mit den Zeichen der Sprache verständlich zu bleiben sucht. Allein an diesem Beispiel sehen wir, in welchem Maße wir die Unmittelbarkeit verloren haben. Ohne diesen Verlust wäre wohl die Realisierung der utopischen Sehnsucht nicht möglich, vielmehr ist diese selbst im Verlust der Unmittelbarkeit entstanden[74]. Die New-Age-Utopie von einem zukünftigen „Goldenen Zeitalter"[75] speist sich aus dem dargestellten mythisch-utopischen Topos in der Form einer *apokatastasis panton* (Wiederherstellung des Ganzen) – jenes Zustands, im Ganzen in Unmittelbarkeit bewußt zu sein.

Freilich führt die Setzung dieses projizierten Vollkommenheitszustandes an den Anfang und an das Ende im New-Age-Schrifttum bisweilen zu eigenartigen Blüten.

So verwechselt der utopisch Beseelte sein Sehnen nach dem Neuen mit dem Wunsch zurück in den paradiesischen Schoß und Schlummer[76], zurück zum „wirklichen Innenverständnis", das sich nur in einer „Rückkehr zur Altsteinzeit"[77] ereignen kann. Zu Recht sieht Schorsch[78] darin eine „Reanimation von Atavismen", die der Regression und nicht der Transformation huldigt. Solche Beschwörungen längst überwundener Bewußtseinsebenen sind bedauerlich, wenngleich sie bei New-Age-Autoren nicht selten anzutreffen sind; typischerweise sind es Autoren, die in meinem Schema[79] den Bereichen 1 und 4 zuzurechnen sind. Zu diesen Themenkreisen sind die schwärmerischsten, aber auch die naivsten Beiträge zum Neuen Zeitalter festzustellen. Die rationalistische Kritik greift solche Beiträge bevorzugt heraus. An ihnen läßt sich demonstrieren, daß die versprochene Transformation auf eine höhere Bewußtseinsebene nur die eigene Fehleinschätzung einer Wendung zurück in archaisch-magische Lebensformen darstellt. In der Tat zielt die Kritik hier auf einen wesentlichen Punkt. Doch in ihrer Diskreditierung des New-Age-Gedankens anhand solcher Beispiele[80] verfehlt sie sein Wesen vollkommen. Differenzierte New-Age-Autoren wissen um die Problematik der Verwechslung präpersonaler (regressiver) und transpersonaler (progressiver) Zustände und Bewußtseinsebenen[81]. Allerdings sucht die rationalistische Kritik diesen Bereich, weil ihr jeder „Rückfall" in eine „participation mystique" (Lévy-Bruhl), jedes Ausschalten der Vernunft und Logik zutiefst zuwider ist. Mehr noch, solcherlei erzeugt Angst, die es zu bannen gilt.

In der Abschaffung des Mangels habe ich den utopischen Impetus charakterisiert. Kommt die Schaffung des eigentlichen Lebens nicht zwangsläufig an ihre Grenze, den Tod? So muß die Abschaffung des Todes, jenes alle Fülle und Richtigkeit ultimativ aufhebenden Ereignisses, in der Utopie mitgedacht sein. An seine Stelle treten „Hoffnungsbilder gegen den Tod"[82], Phantasmen und Intuitionen der Befreiung vom Verlorensein in den tausendfachen Fesseln der Illusion. Der Vervollkommnungswunsch läßt auch diese Lesart zu: Befreiung von den Banden des Irdischen, des Körpers, der Sinne, des Leidens und der Lust, Erlangung des „potentiell Adlerhaften der menschlichen Materie“[83]. Doch welche Befreiung wäre dies, würde sie uns nicht auch vom Träumen, Denken, von der Sehnsucht, selbst von der Sehnsucht nach letzter Befreiung erlösen? Der Zen-Buddhismus ist unter allen philosophisch-religiösen Systemen diesen Weg am weitesten gegangen. Im irdischen Fortschrittsdenken, das einseitig vom utopischen Grundimpuls erfaßt ist, parodiert sich die Sehnsucht nach Befreiung in der Gleichzeitigkeit von Weltverherrlichung und Weltzerstörung. Insgeheim bedeutet dem „diesseitigen“ Menschen der Tod, vor dem er in Angst erschauert, die wahre und einzige Befreiung. Erreichen kann er die Abschaffung des Todes – soviel Mühe sich auch seine Wissenschaftler geben – allein durch die Abschaffung des Lebens, und das bedeutet nichts anderes als Wiedereinsetzung des Todes. Denn Leben und Tod gehören zusammen wie das paradoxe pervertierte Drängen nach „mehr“ Leben und nach seiner gleichzeitigen Vernichtung.

Im New Age erfrischt sich der reine, ursprüngliche, utopische Impuls als mächtiges Moment gegen solche heruntergekommenen Traditionen geistiger Sehnsucht.

Verdrängung der geistigen Sehnsucht

Im Anfang des utopischen Aufbruchs liegt das Erfassen der innersten Vollkommenheit, von dem das erfassende Bewußtsein sich auf rätselhafte Weise getrennt sieht. Aus diesem Punkt – und es kann nicht oft genug betont werden, daß es sich dabei um eine lebendige *Erfahrung* handelt, eine Erfahrung, die jeder Einzelne in seinem Leben in der ihm entsprechenden Weise wiedergewinnt – aus diesem Punkt also erwächst das Wissen, das Guénon das „überlieferte Wissen" nannte. Es zu bewahren, fortzutragen, zu erneuern, treten die Menschen ihren Gang durch die Zeit an. Und was immer sie vorwärts getrieben hat, findet hier seinen Ursprung, Sinn und Ziel. Entsprechend der Vielfalt von Ausdrucksformen hat diese „Große Suche" die eigenartigsten Wege genommen. In den vorneuzeitlichen Kulturen existierte noch ein deutliches Gefühl für die Zusammengehörigkeit aller intellektuellen und körperlichen Anstrengungen, die nach mehr Wissen, tieferem Erkennen, besseren Lebensweisen drängten[84]. In vielen Wegen verzweigte sich der Eine Anstoß. Mit dem Zusammenbruch des Gruppenzugehörigkeits-Geistes und der Ausfaltung des mentalen Ichs um 1000 v. Chr.[85] beginnt der Verstand, das rationale Denken, seine Absonderung von anderen Arten des Erkennens. Er setzt *sich*, mit dem denkenden Ich als Zentrum und alles andere dagegen: Subjekt gegen Objekt, Eigenes gegen Fremdes.

Der Spalt, der seitdem die Geschicke der Menschheit bestimmt, begegnet uns auf vielen Ebenen wieder: als Trennung zwischen Wissenschaft und Glaube, Verstand und Instinkt, Logik und Gefühl, Geist und Körper, etc. Er findet seine Entsprechung im Bild der feindlichen Brüder des Fische-Zeitalters. Die vielen Arten des Erkennens, zu denen unser Bewußtsein fähig ist, kamen unter den Herrschaftsanspruch des Mental-Rationalen. Diese Weise des Erkennens riß den Anspruch an sich, als alleinige den utopischen Impuls „gültig" weiterzutragen. Das Elend dieser Entwicklung ist bekannt. Dennoch, der Ruf aus dem Zentrum ließ sich nicht zum Verstummen bringen. So blieb neben der oberirdischen, rationalen Erkenntnisweise eine gewissermaßen unterirdische bestehen. Im Grunde genommen ist der unterirdische Strom, der wegführt von der Dunkelheit des Bewußtseins, nicht eine einzige Weise ins Noch-nicht-Bekannte vorzudringen. Allein die strikte Setzung des mental-ichhaften Bewußtseins polarisiert auf künstliche Weise.

Das mental-ichhafte Bewußtsein, so behauptet die New-Age-Spekulation[86] (doch nicht nur diese[87]), liege in den letzten Zügen. Mächtig bläht es sich noch einmal auf. Doch letztlich wird es das Erscheinen einer neuen Bewußtseinsstufe nicht aufhalten können. Wir wollen im Augenblick dahingestellt lassen, daß es sich dabei selbstverständlich um eine gewagte Spekulation handelt, die den Anschein erweckt, von der pünktlichen Erfüllung eines schicksalhaften Ablaufs beseelt zu sein. Ich halte das, was unter New Age eigentlich verstanden werden muß, für die an die Oberfläche drängende unterirdische Erkenntnisweise – nicht um die herrschende vom Thron zu stürzen, sondern um sich mit ihr zu vermählen. Aus der Frucht dieser Vermählung erst verspricht es das ganz Neue.

Ein gezwungenermaßen recht kursorischer Blick auf die Ahnenreihe der utopischen Sehnsucht der unterirdischen Art soll einen Einblick vermitteln, in welchem geschichtlichen Rahmen mächtiger Sehnsuchtseinbrüche das Herz des Neuen Zeitalters zu sehen ist. In der „Achsenzeit“[88], jenem großen geistigen Prozeß in der Zeit von 800 bis 200 v. Chr., der um 500 einen entscheidenden Kulminationspunkt des selbstreflexiven Bewußtseins erreicht, konstatiert Jaspers, tritt das Drängen „vor dem Abgrund auf Befreiung und Erlösung“[89] auf. „Es ist der *eigentliche Mensch,* der im Leibe gebunden und verschleiert, durch Triebe gefesselt, seiner selbst nur dunkel bewußt, nach Befreiung und Erlösung sich sehnt, und sie in der Welt schon erreichen kann, – sei es im Aufschwung zur Idee, oder in der Gelassenheit der Ataraxie, oder in der Versenkung der Meditation, oder im Wissen seiner selbst und der Welt als Atman[90], oder im Erfahren des Nirwana, oder in dem Einklang mit dem Tao, oder in der Hingabe an den Willen Gottes.“[91]

Eine Bezauberung vom äußersten Möglichen hatte den Geist des Menschen ergriffen und ging von nun an die beiden Wege: den der irdischen Herrschaft unter dem

Sonnenlicht, den zur überweltlichen Heimat unter dem Feuer des Geistes. Das gnostische Schrifttum legt das klarste Zeugnis dafür ab, daß die Rückkehr aus der Verschiedenheit zur Einheit auf eine Einheit mit *sich* als dem Zentrum der Identität mit Gott verweist. Dieselbe Befreiungslehre, die im Mittelmeerraum nur im Verborgenen gegen die Orthodoxie blühen konnte, war zu diesem Zeitpunkt im Osten (mit der Ausnahme des erst im 6. Jhdt. nach Japan kommenden Zen) zur allgemeinen Religion und Praxis geworden. Gnosis konnte den Makel des Häretischen niemals abschütteln. Denn Gnosis behauptet, der Mensch könne aus eigener Kraft durch die Selbsterkenntnis zur Erlösung gelangen. Ein apokryphes Herrenwort sagt: „Wenn ihr euch erkennt, werdet ihr erkannt werden und werdet erkennen, daß ihr Söhne des lebendigen Vaters seid."[92] Das Versprechen aus Psalm 81,6, „Ich habe gesagt: ihr seid Götter und allzumal Kinder des Höchsten", wird für den Gnostiker zu einer erreichbaren Erfahrung – eine konkretisierbare Utopie, in welcher er diese Aussage vollkommen in sich hineinnehmen kann[93]. Solche Vorstellungen sind für die Kirche, die Erlösung und Gnade völlig aus der Macht des Menschen genommen sieht, inakzeptabel. Bis in die Gegenwart stellt selbst die Wissenschaft von der Seele, in ihrer Unfähigkeit, die Psyche in anderem Maß, als menschlichen Leib und Gehirnprozesse zu begreifen, der „psychologischen" Spiritualität der Gnosis ein großes Nein entgegen. Das Unerhörte darf nicht sein. Den Menschen in seinem Wesen so „groß" zu wissen hinterläßt nichts als Angst – vor der Verantwortung, vor der Unermeßlichkeit. Die Orthodoxie – die kirchliche wie die wissenschaftliche (des Verstandes) – kann gnostisches Denken, *ohne* in der Tiefe der gnostischen Grunderfahrung teilhaftig geworden zu sein, nur als Hybris, Illusion, Megalomanie, Ketzerei fassen. Sicherlich, die gnostische Sehnsucht hinterläßt im Zuge der New-Age-Bewegung viele Exemplare, an denen sich die Diagnose ihrer Ablehner bestätigt. Daraus den Schluß zu ziehen, daß der moderne Gnostiker nicht ein Gefäß für den Parakleten, sondern bestenfalls eins für den Geist der Verwirrung darstelle, hieße einen Grundzug wahrer New-Age-Sehnsucht verkennen. Ist sie doch nichts anderes als der *Versuch,* der Geisterfülltheit (als *soteria,* die Heimkehr des *pneuma* zum *pneuma*) einen gültigen Ausdruck zu verleihen. In dieser Absicht zieht die unterirdische utopische Suche durch die Geschichte. Wo sie hervorbricht mit Macht, läßt sie feurige Zeichen stehen. Es bleibt zu hoffen, daß sie einmal die Welt entzündet.

Augustinus war, nicht nur in seiner Utopie vom Gottesstaat, von solcher Hoffnung erfüllt: Ins Licht führt der irdische Weg. Die Weltgeschichte ist für Augustinus ein Prozeß des Hellwerdens. Darin rettet er den dualistischen Manichäismus, der sich vom altpersischen Kampfmythos zwischen dem zerstörerischen Ahriman und seinem lichten Widerpart Ormuzd speist, für die christliche Utopie. Bekanntlich war Augustinus vor seinem Übertritt zum Christentum Manichäer. Gerade weil Augustinus sich in zahlreichen Schriften aggressiv mit den Vorstellungen seiner früheren religiösen Überzeugung auseinandersetzt, äußert sich darin, wie sehr er noch von ihrem Kern erfaßt ist[94]. Manis „Das lebendige Evangelium" bestand aus 22 Abschnitten, entsprechend den Buchstaben des syrischen Alphabets. Als bewußtes Gegenstück dazu umfaßt Augustins Werk vom Gottesstaat 22 Bücher[95]. Die Orientierung auf das im Inneren geschaute Sehnsuchtsbild blieb unberührt. Augustinus wechselte lediglich dessen Einkleidung und verschob die utopische Verwirklichung auf eine Kirche, die den Himmel auf Erden abbilden soll. Als Erfahrung trägt ihn aber das unauslotbare Geheimnis des Höchsten Geistes, von dem er sich schmerzlich in Nicht-Erkennen getrennt fühlt. Doch eben deshalb geht sein Sehnen dahin, sich vom Nicht-Wissen zu befreien. „Zwinge dein Herz, das Göttliche zu denken, dräng es, bestürm es. Wenn dir beim Denken etwas Körperähnliches einfällt, verwirfs, noch kannst du nicht sagen: das ist

Gott. Sag wenigstens: das ist Gott nicht."[96] Hört man aus diesen Worten nicht das „*neti, neti*" der indischen Upanishaden? „*Neti, neti*" bedeutet „nicht dies, nicht das". Diese Worte wurden auf alle Erscheinungsformen angewendet, um zu zeigen, daß *Brahman,* die Letzte Wirklichkeit, in keiner sinnlich wahrnehmbaren Form zu finden ist. Die Lehre der Nicht-Zweiheit des indischen Advaita-Vedanta, die manichäische Gnosis, die christliche Vision – sie alle finden über Zeit und Raum ihren Platz in Augustinus als Ausfaltungen der Einen Urerfahrung. Ihre konkreteste Form gewinnt diese in der Utopie der Wiederherstellung des menschlichen Ebenbildes am Ende der Geschichte – freilich am Ende der Geschichte der Auserwählten des Gottesreichs. „Der siebente Tag werden wir Menschen selber sein" heißt es im „Gottesstaat" (XXIII, 30). Diesen siebenten Schöpfungstag als Zeitalter sehen die New-Age-Propheten dämmern. Allerdings findet er nicht in Form eines kirchlichen Gottesreichs seine Ausformung, sondern in postmoderner Vielfalt von Wunschvorstellungen: als irdisches Öko-Paradies, als globales Dorf, als planetare Geistesbruderschaft und, treu dem Motto „anything goes", natürlich auch als Gottesstaat. Augustinus projizierte sein „Unternehmen Zukunft" in eine ferne Zeit, an dessen Ende das Urlicht hervorbricht, wie Teilhards Punkt Omega aus dem Kulminationspunkt der Evolution leuchtet[97]. Die New-Age-Mentalität kürzt den Weg der allmählichen Höherentwicklung ab. Mitten aus dem tiefsten Sumpf der Diesseitigkeit, mitten aus einer Zeit, die ihrer Einschätzung nach nur Devolution und Verirrung sein kann, erhebt sich siegreich das Neue Jerusalem. Mit einem Male ist alles evolutionäre Gerede vom Tisch gewischt. Einem Raumschiff der guten galaktischen Sippe gleich, steigt es aus dem schlammigen Boden auf dem Planeten der Bösen empor. In Cinemascope und mit Dolby-Sound. Die Utopie verflacht zu einem Comic-Strip amerikanischer Illusionsindustrie. Scheinbar tut das utopische Drängen dem mentalen Ich-Bewußtsein nicht gut. Entweder, es verausgabt sich im Fortschrittsmythos vollkommener Naturbeherrschung, oder es mißversteht seine geistige Sehnsucht in der Euphorie ihrer Wiederentdeckung als instrumentell herstellbare Vorhandenheit. Als bräuchte man nur den Schalter betätigen, und das Licht geht an. Ich bin sicher, daß die naive Form der New-Age-Utopie noch auf harte Proben gestellt werden wird. Mit einem globalen Quantensprung wird diese zerrissene Welt sicher nicht ins Zeitalter der Glückseligkeit katapultiert werden.

Joachim von Fiore und alchemistische Phantasien

Im Mittelalter erlebt der unterirdische utopische Strom eine außergewöhnliche Belebung. Sie erwächst auf dem Hintergrund desolater gesellschaftlicher Zustände. In zahlreichen religiösen Bewegungen manifestiert sie sich in den überall entstehenden Ordensgemeinschaften, auch im Auftrieb der Alchemie und führt schließlich bis zur Wiederauferstehung okkulter Zahlenkunde, Kabbala, Astrologie und Hermetik auf dem Hintergrund neuplatonischer Gelehrsamkeit in der Florentiner Akademie des Marsilio Ficino. Von da nahm die Geist-Erfülltheit als Geist-Erfülltheits*lehre* die verschiedensten Kurse: Protestantismus, Aufklärung, Naturwissenschaft, Idealismus, Romantik. Noch im ausgehenden 12. Jahrhundert findet diese Belebung ihren strahlendsten Ausdruck in der Geisttheologie des Joachim von Fiore.

Am Morgen des Osterfestes 1190 erlebt der kalabresische Abt Joachim eine Erleuchtung, die ihn mit einem Male die inneren Zusammenhänge der Heilsgeschichte verstehen läßt[98]. Joachims Vision erhellt den Zusammenhang zwischen dem Alten und dem Neuen Testament und bestätigt ihm die Erfüllung der Endzeitverheißungen der Apokalypse. Entscheidend ist, daß Joachim sich als Empfänger einer Eingebung des Heiligen Geistes erfährt.

Diese Eingebung ist für ihn gewissermaßen eine Ankündigung, daß die endgültige Verwirklichung des Heils mit der Herabkunft des Heiligen Geistes in die Menschen anhebt.

Die göttliche Dreifaltigkeit, so Joachim von Fiore, offenbart sich in drei progressiv aufeinanderfolgenden Heilszeiten. Die erste Periode ist die des Vaters mit ihrer Wirkung in der Zeit des Alten Testaments, die zweite die des Sohnes in der Zeit des Neuen Testaments, die dritte die des Heiligen Geistes, die Joachim mit der Gründung des Benediktinerordens (um 529) beginnen sieht. In der dritten Zeit vollende sich der heilsgeschichtliche Weg Gottes. Der neue Äon steht durch die trinitarische Ausfaltung in engem Bezug zu den vorangegangenen Zeitaltern, spiegelt jedoch die sukzessive höchste Erhöhung des Menschen wider. Für die nahe Zukunft erwartet Joachim die Öffnung des siebenten apokalyptischen Siegels, die Zeit des „ewigen Evangeliums" mit der Herrschaft der *intelligentia spiritualis.* Unter *intelligentia spiritualis* versteht Joachim Vermittlung des Wissens durch den Heiligen Geist „auch ohne Hören der Ohren und ohne Schau der Augen"[99], wodurch die geistige Erschließung der ganzen göttlichen Wahrheit ihre Erfüllung findet. Man muß sich vor Augen halten, welch unerhörten Gedanken damit Joachim formuliert. Die *intelligentia spiritualis* bedarf der sinnlichen Vermittlung durch Schrift und Sakramente nicht. Irdische Abbilder und Symbole, wie sie ihren Niederschlag im Alten und Neuen Testament gefunden haben, werden vollkommen durch die geistige Schau ersetzt. „Wer also geistig ist, der ist von einer unsichtbaren Gnade gereinigt und auf unsichtbare Weise durch die Sache des Sakramentes selbst gekräftigt, und ihm tun sich die Himmel auf, so daß er mit den gereinigten Augen des Verstandes den Geist der Adoption an Kindes Statt auf sich herabkommen und auf sich ruhen sieht ..."[100] Die Konsequenz ist, daß die Gültigkeit der Heiligen Schrift und der Sakramente auf die Heilszeit des Sohnes und der ihr entsprechenden Heilserkenntnis beschränkt wird. Joachim beruft sich in diesem Zusammenhang immer wieder auf Paulus: „Der Buchstabe tötet, der Geist aber macht lebendig“ (2 Kor. 3,6). In seiner Auslegung der Hochzeit von Kana[101] kommt der prophetische Abt zu dem Schluß: „In diesem dritten Zeitalter wird das Wasser des Buchstabens verwandelt in den Wein des geistigen Verständnisses. Denn nach Vermehrung der Gelehrten in der Kirche Gottes begann aus den Dunkelheiten Licht zu werden und die Eiseskälte des Gesetzes sich zur Wärme und Milde der Liebe zu wandeln.“

In einer Abfolge von Bildern charakterisiert Joachim die drei Heilsperioden[102]: Im ersten Status standen wir unter dem Gesetz, im zweiten unter der Gnade, der dritte wird im Zeichen der reicheren Gnade stehen; der erste Status steht in der Wissenschaft, der zweite in der teilweise vollendeten Weisheit, der dritte in der Fülle der Erkenntnis; der erste in der Furcht, der zweite im Glauben, der dritte in der Liebe; der erste in der Knechtschaft der Sklaven, der zweite in der Knechtschaft der Söhne, der dritte in der Freiheit; zum ersten gehören Züchtigungen, zum zweiten aktives Wirken, zum dritten kontemplative Schau; der erste ist der Status der Knechte, der zweite der Freien, der dritte der Freunde.

Freiheit, Erkenntnis, Kontemplation, Freundschaft, Liebe – die Charakteristika des dritten Status sah Joachim nicht länger in der bisherigen Klerikerkirche bestehen. Stattdessen sollte diese abgelöst werden durch die *ecclesia spiritualis* kontemplativer Mönche – ein Bruderbund der Liebe unter dem Zeichen des freien, schöpferischen Elements der Geisterkenntnis. Von diesem mächtigen Prinzip der Freiheit strahlte eine revolutionäre Wirkung aus, kraftvoll zumal in der Philosophie der Freiheit des deutschen Idealismus, die unmittelbar an Joachim von Fiore anknüpfte, entschieden auch in der New-Age-Utopie. In der konsequenten Weiterentwicklung der Lehre vom Parakleten entsprechend Lukas 6,35: „Und ihr werdet

Söhne des Höchsten sein" spiegelt Joachims Lehre, deutlicher als alle anderen, die heilsgeschichtliche Erwartung der New-Age-Befürworter. Steht nicht das Wassermann-Zeitalter unter dem Zeichen der Harmonisierung, der Verbrüderung der „neuen Menschen", in der Befreiung vom Diktat des Verstandes und religiöser Dogmatik? Nimmt nicht die New-Age-Idee am deutlichsten Kurs auf den dritten Status Joachims durch die behauptete „Spiritualisierung der Materie"[103], „Annäherung an den GEIST"[104], gar durch „Spiritualisierung der ganzen Menschheit"[105]? Steuert sie, erfaßt durch den „Geist Gottes"[106], auf die Inszenierung einer „globalen sakralen Zivilisation"[107] zu? Man kann Joachim von Fiores Szenario als eine verfrühte Verheißung begreifen. Gediehen ist sie in der Gärung endzeitlicher und neuzeitlicher Erwartungen, doch – in der Analyse Jungs – auf dem Wendepunkt des Fischezeitalters. Joachims Geisttheologie bedeutet eine frühe enantiodromische (entgegenlaufende) Vorwegnahme einer zukünftigen Möglichkeit. Als solche ist sie zutiefst utopisch, ruht sie doch, in der Rückschau, mitten im Zeitalter des Sohnes – im Fische-Äon. Entsprechend empfindet die New-Age-Spekulation das Wassermann-Zeitalter als das eigentliche, von Joachim prophetisch vorweggenommene „Zeitalter des Heiligen Geistes"[108]. Die Zeitenwende in die irdische Zukunft höherer Vollkommenheit und Vergeistigung wird darum auf dem Boden der Befreiung von der Klerikerkirche, der Befreiung vom geschriebenen Wort göttlicher Botschaft gesucht. Wenngleich in New-Age-Kreisen eine gewisse Bereitschaft besteht, auf die Buchstaben heiliger Texte anderer Traditionen zu starren, so ist doch das wesentliche Merkmal des Neuen Menschen der Weg der spirituellen *Praxis.* Die heiligen Bücher der Religionen befriedigen den Wunsch, spirituelle Entdeckungen zu machen, die in der formelhaften Beziehung zur eigenen religiösen Tradition nicht mehr möglich erscheinen. Die spirituelle *Disziplin* hingegen soll den Menschen in ein Gefäß und einen

Durchgang verwandeln, der den Parakleten in joachitischer innerer Schau empfängt. Ob durch Kontemplation, Yoga, Zazen, Trance, Derwischtanz, durch Fasten, synthetische Drogen, oder als mediales „Channel"[109], die Übung hat in ihrer letzten Bedeutung nur den einen Sinn: sich dem Geist öffnen.

Dabei gilt es, wie generell in unserer Diskussion, zweierlei zu unterscheiden. Einerseits, was ich als utopisches Drängen der unterirdischen Erkenntnisart bezeichnet habe, andererseits die Form seiner Manifestationen. Ich bezweifle nicht, daß dieser Drang in der New-Age-Bewegung am Werk ist. Wie aber derselbe Impuls im Mittelalter nicht zur verheißenen *ecclesia spiritualis*, sondern zu einem Chaos an Gemeinschaften von Erneuerern führte, die „im Dienst der Entrechteten" und heftigen theologischen Diskussionen „einander zerfleischten mit gegenseitigen Häresievorwürfen und übereinandergestapelten Exkommunikationen"[110], so manifestiert er sich gegenwärtig als die Suche nach „Gott zwischen Karneval und Computer"[111]. Man belegt einen Wochenendkurs in Zazen, den nächsten in Yoga, versucht es auch mit Tantra und weiß zumindest immer von neuem Bescheid, „wo es langgeht". Über die „Old Ager", die immer noch nicht begriffen haben, kann man lächeln. Das Lächeln fällt leicht, denn man ist gern ein Häretiker, in einer Zeit, in der das Wort seine Bedeutung verloren hat. Und trotzdem: in der Unordnung der mittelalterlichen Geistessehnsucht bewegen sich Kräfte, die „nach neuen Bildern des kollektiven Lebens suchen und dabei entdecken, daß sie diese Bilder nicht anders durchsetzen können als im Kampf gegen die etablierten ‚Systeme' durch Ausübung einer bewußten und rigorosen theoretisch-praktischen Intoleranz".[112] In eben diesem Sinne sind auch die wunderlichen Wege und Umwege der New-Age-Geistessehnsucht zu verstehen. Sie sind der Versuch, das Versprechen einer neuen, heilen – weil durch den Geist geheiligten – Welt einzulösen. Die Voraussetzungen dafür scheinen mir heute viel schwieriger zu sein, als zu Joachims Zeiten. Wir werden uns letztlich zu fragen haben, was selbst die kraftvollste Utopie, was selbst der reinste *intellectus spiritualis* gegen eine Menschheit auszurichten imstande ist, die es mittlerweile in der Hand hat, sich selbst ohne große Mühe zu vernichten. Kann man es den hoffnungserfüllten New Agern verdenken, daß sie auf den heilsgeschichtlichen Plan einer geistigen Evolution aus Notwendigkeit vertrauen?

Etwas von der verwirrten Welt der Adepten hat sich nach außen hin in der Nachfolge von Joachims großartigem System wohl am auffallendsten in der Alchemie gezeigt. Ihre Ursprünge sind im Vorderen Orient und Ägypten zu suchen. Von dort stammen die Erlösungsvorstellungen vom Stofflichen der Gnostiker wie der Alchemisten. Die Alchemie des 16., mehr noch die des 17. Jahrhunderts war aber der letzte Versuch, zur geistigen Heimkehr auf dem Planeten die oberirdische mit der unterirdischen Erkenntnisweise zu vereinen. Das anhebende Zeitalter wissenschaftlicher Experimentierlust und Vernunft wird nicht umsonst mit dem ursprünglich alchemistischen Begriff der „Aufklärung" bezeichnet[113]. Utopische Lichtblicke finden wir in der Alchemie viele. Auch die Fortsetzung von Joachims Verheißung des dritten Status, gemischt mit Augustins Gottesstaat. *Mischung,* das ist die Kunst der Alchemisten. Die Utopien geraten so zu einem Amalgam irdisch-himmlischer Perfektion, erfüllt von der Idee ihrer Herstellbarkeit. Bewiesen nicht die unermüdlichen Goldmacher, daß sich der höchste materielle Zustand erzeugen ließ? Sie legten damit dem bis in die Gegenwart ungebrochenen wissenschaftlichen Fortschrittsglauben das Modell in die Wiege. Im frühen 17. Jahrhundert setzte der schwäbische Theologe Johann Valentin Andreae das Gerücht vom Bestehen einer Rosenkreuzer-Bruderschaft in Umlauf. Er tat dies implizit auf dem Hintergrund der joachitischen Drei-Reiche-Lehre in seinem obskuren Werk „Fama Fraternitatis" mit den Worten: „Aus Gott sind wir geboren, in Christus sterben wir, durch den Heiligen Geist werden wir wiedergeboren."[114] Vier Jahre danach präsentierte er seine Sozialutopie von „Christianopolis": die bessere, idealisierte Stadt mit durchgeistigten Handwerkern, Lehrern und Bauern, die sich aus der modernden, von Grund auf verdorbenen alten Welt, dem Phönix gleich, emporschwingt. In der alchemistisch-rosenkreuzerischen Utopie lehren die Weisen als höchstes Fach „prophetische Theologie" als „Weissagung des letzten Status". Im New Age, das die Mischung materieller *und* geistiger Vervollkommnung aus dieser Ahnenreihe gewinnt, heißt die entsprechende Sozialutopie „Ökopolis"[115]. Und zur Ökologie in der Natur gehört in ihr die „Ökologie des Geistes[116]. Ihre „prophetische Theologie" ist beredt und bemüht, statt der Weissagung eines zukünftigen Status, die Gegenwart zu demselben zu erklären: Das New Age sei bereits da, mitten unter uns; es braucht nur noch vollständig hervorzutreten[117].

Johann Amos Comenius, der Jünger Andreaes, begründete eine *ecclesia philadelphica,* wohl nach der Prophetie des Theosophen Jakob Boehme, der die Eröffnung der letzten Heilszeit durch die Gemeinde von Philadelphia repräsentiert sah, an die der sechste Brief der Johannesapokalypse gerichtet ist. In ihr ist die *ecclesia spiritualis* nachgebildet als Reich der Bruderliebe. Die Philadelphen der Comenius-Utopie muß man sich als alchemistische Schüler vorstellen, von denen Übungen in „Imagination" erwartet wurden, um ihren Willen in den innersten Kern des Werkes zu versetzen, sei dies ein psychisches oder ein physisches. In Fortführung mußte *henosis,* die Beschränkung auf das Wesentliche, die Vereinfachung seiner selbst folgen. Das New Age kennt Imaginationsmethoden als psychisches Vehikel, um einen gewünschten Zustand zu erreichen. Das „positive Denken", das auf geheimnisvolle Weise positive Ereignisse erzeugen soll, ist die bekannteste Form solcher Willensübung. Auch die zeitgemäße Form von *henosis* ist bekannt. Sie heißt „freiwillige Einfachheit"[118] und soll für das Entstehen von „Ökopolis" unverzichtbar sein. Zur alchemistischen Vorstellung des Menschen als Vollender der Natur gehört die gedankliche Möglichkeit, daß nicht die Menschheit insgesamt zur Vollendung beiträgt, sondern nur ein Teil. Diese sind die Eingeweihten, die im Besitz des Wissens ihre eigene Erhöhung betreiben zu einem *genus suprahumanum*, der zum gegenwärtigen Menschen steht, wie jener zum Affen. Die Übermenschenverheißung, die in den Zeiten eines Montanus und eines Joachim von Fiore eine *geistige* Erhöhung intendierte, gewinnt mit den Homunculus-Phantasien in der Alchemistenküche eine neue Dimension. Der Neue Mensch läßt sich synthetisch herstellen. „Das dritte Evangelium und die Kunst Alchymia werden zusammen hervorkommen", verkündet der Chiliast Sperber[119]. Die Übermensch-Phantasie[120] im Umkreis des New Age erhält sich auch diese Spekulation; in Science-Fiction-Manier zumal bei dem „Drogen-Papst" der 60er Jahre Timothy Leary: wenn die phantastischen Schaltkreise des Nervensystems, einer nach dem anderen durch verschiedene neo-alchemistische Techniken aktiviert werden, gelangt der – wenn es nach Learys Utopie geht, längst ins All ausgewanderte, des ewigen physischen Lebens mächtige[121] – Übermensch zur höchsten Klimax der neuroatomaren Fusion[122]. Solche, im wahrsten Sinn des Wortes „abgehobene" Utopien gedeihen nur in Räumen chemisch veränderten Bewußtseins oder in den Schöpfungen „ausgeflippter" Comics, die letztlich wieder auf erstere Räume zurückzuführen sind. Eine gewissermaßen direkte Linie zur Übermensch-Erwartung in einer Heilszeit des Heiligen Geistes hat ihren Verkünder in Sri Aurobindo gefunden. Der von ihm gelehrte „integrale Yoga" ist Alchemie am eigenen Leib, mit dem Ziel der Aktivierung höherer Fähigkeiten, wie der Prophetie, der geistigen Wahrnehmung unabhängig von Zeit und Raum, der Psychokinese, der Durchleuchtung der verborgenen Gedanken und Gefühle des Nächsten. Aurobindo selbst verstand sich als Archetypus des kommenden Übermenschen, dem er ein utopisches Heim auf Erden errichten wollte: Auroville im ostindischen Pondicherry[123].

Aus der Ahnenreihe des New Age: Idealismus und Romantik

Das Zeitalter der Aufklärung mit ihrem in der Renaissance erlernten Jubel über die Schönheit der Natur pflanzte die Vervollkommnungs-Sehnsucht in die horizontale Ausrichtung ein, so daß Spinoza sagen konnte: „Unter Realität und Vollkommenheit verstehe ich dasselbe.“[124] Die kalte Verstandeserhöhung Spinozas war die Vorstufe zu Leibniz' Betrachtung der Welt unter dem Aspekt eines gigantischen Prozesses der Erhellung. Der Appetit auf Licht treibe, Leibniz zufolge, die Menschheit voran. Doch der Prozeß ist eine irdische Kontinuität, der zwar von Anfang an durch „Präformation“ festgelegt ist, aber seine Erfüllung in der Immanenz findet[125]. Von oben her bewacht die ewige „prästabilierte Harmonie“ die in jedem Zustand perfekte irdische Existenz. In der vollkommenen gottgewollten Harmonie gibt es „nichts Ödes, nichts Unfruchtbares, nichts Totes im Universum, kein Chaos, keine Verwirrung, außer dem Anscheine nach.“[126] Alle Probleme, die wir mit der Welt haben, liegen also nicht an ihr, sondern allein an unseren verqueren Interpretationen. Das Universum übertrifft ohnehin „alle Wünsche der Weisesten“, und es ist „unmöglich, die Welt besser zu machen als sie ist“[127]. Was soll jeglicher Verbesserungswunsch, das Schlachten und Morden, die Intoleranz, die Ungerechtigkeiten und Erniedrigungen, die systematischen Ausbeutungen, Verfolgungen und Unterdrückungen gibt es nur in einer falschen *Ansicht* der Welt. Um diese in Wahrheit „beste aller möglichen Welten“ erkennen zu können, brauchen wir bloß vom Gesichtspunkt des Ewigen *(sub specie aeternitatis)* auf sie herabzublicken. Vielleicht hätte Leibniz ganz anders gedacht, wäre er, der in den letzten Jahren des Dreißigjährigen Krieges das Licht der Welt erblickte, zwanzig Jahre früher geboren worden. Leibniz wurde mit seiner Lehre zu einem Vorbereiter für die emotionslose Betrachtung der Weltereignisse, wie diese in äußerster Verobjektivierung von der Wissenschaft betrieben wird. Für die Wissenschaft ist alles, was unter ihren Blickwinkel fällt, ein wert- und gefühlsneutrales Element, das beschrieben, seziert, erkundschaftet, katalogisiert und ins große Buch des Wissens eingetragen wird. Die Abgehobenheit der gottgewollten Vernunft, die in Leibniz einen gewandten Fürsprecher findet, wandelte sich in unserem Jahrhundert zur Abgehobenheit der Wissenschaftler, die solche Vernunft gepachtet zu haben glauben. Der wissenschaftliche Verbesserungsdrang ohne die Befruchtung durch die unterirdische Erkenntnisweise verliert die Wahrheit der utopischen Grunderfahrung. Ohne diese ist die Utopie blutleer, diesseitig, vom Makel der Vergänglichkeit des Materiellen gezeichnet. Sie *ist* überhaupt nicht mehr in ihrem uranfänglichen Sinn. „Eine Gesellschaft, die unfähig ist, eine Utopie zu erzeugen und sich ihrem Dienst zu weihen, ist von Sklerose und Ruin bedroht.“[128]

Spätestens im Zuge der Aufklärung hatte, mit Jung gesprochen, der „dunkle Bruder“ Christi das Heft des Zeitalters fest in der Hand. Wenn jetzt die im Inneren anwesende über-irdische Sehnsucht hervorbricht, dann nicht mehr für und mit der Welt, sondern gegen die Welt. Sie wird zur Reaktion auf herrschende Zustände. Der Gang der Welt scheint ausgemacht, gelegentlich rührt sich der Protest aus der Tiefe. Im Hervortreten kämpft er gegen eine übermächtig gewordene Weltsicht und Lebensweise an, die alle Bereiche des Daseins erfaßt hat. So kann die Verwirklichung einer dritten Heilszeit des Heiligen Geistes nicht mehr als natürliche Fortentwicklung empfunden werden, sondern als Umsturz. Wie ich oben angedeutet habe: am Ende des Fische-Äons kann nur noch der Kampf stehen.

In den mächtigen Gedankengebäuden des deutschen Idealismus, insbesondere bei Schelling und Hegel, wird die Sehnsucht, zum Geist zu erwachen, so vollständig in die intellektuelle Konstruktion aufgenommen, daß sie ausgelaugt wirkt. Die idealistischen Systeme sind geniale, manchmal auch wunderliche Abstraktionen, die uns den *Begriff* der gnostischen Urerfahrung als Geschichtsphilosophie auslegen. Geblieben ist aber allein der Begriff, der zum Leben nicht taugt. Dabei entstammen die philosophischen Utopien der Heimkehr zum Geist durchaus erlebten Erfahrungen. Der zwanzigjährige Schelling schreibt etwa: „Uns allen ... wohnt ein geheimes, wunderbares Vermögen bei, uns aus dem Wechsel der Zeit in unser Innerstes, von allem, was von außenher hinzukam, entkleidetes Selbst zurückzuziehen, und da unter der Form der Unwandelbarkeit das Ewige in uns anzuschauen. Diese Anschauung ist die innerste, eigenste Erfahrung, von welcher allein alles abhängt, was wir von einer übersinnlichen Welt wissen und glauben.“ [129] Ja, ein Rückzug war es aus der Welt, eine Projektion ins akademische Fach Philosophie – im Idealismus noch eng mit der Theologie verbunden. Die Erfahrung ist nur noch für den Kopf zu gebrauchen, für das „Wissen“ und „Glauben“. Entsprechend schnell verabschiedete sich die idealistische Spekulation von der gelehrten Welt, die sich nur noch von Fakten faszinieren ließ.

Gegen die neue Welt der Objekte sah der Anfang des 19. Jahrhunderts eine Reaktion, die nur als verzweifelter Durchbruch der unterirdischen utopischen Sehnsucht gedeutet werden kann: die Romantik. Bis heute hat die Romantik nichts von ihrer Faszination eingebüßt. Dem Rationalismus dient sie als Ventil in gelehrten Untersuchungen, der lebenshungrigen und technikfeindlichen Jugend als Paradigma. Das Wesen der Romantik liegt in der gefühlsmäßigen Überzeugung, daß eine zu zersplittern drohende Welt in der Versöhnung aller Gegensätze geeint und geheiligt werden müsse. In diesem Sinne ist die Romantik durchaus auch als Antwort auf das Scheitern der Französischen Revolution zu verstehen. Die soziale Freiheitsidee hatte in der aufgeklärten Reduktion auf das Politische sich selbst überholt und verworfen[130]. Es galt einen ganzheitlichen, zumindest einen umfassenderen Begriff der Freiheit zu etablieren. Dieser konnte nur in einer Erneuerung des Lebens gewonnen werden. Ein Ausspruch des schwäbischen Pietisten Oetinger mag das Empfinden verdeutlichen, das eigentliche Leben habe sich im Sieg des Verstandes zurückgezogen: „Nichts ist dem allgemeinen Gefühl offenbarer als das Leben, und nichts ist dem Verstand dunkler als das Leben."[131] Das allgemeine Gefühl, von dem Oetinger spricht, hatte die Menschen verlassen.

Gegen alles Hergestellte erhoben die Romantiker das Gewachsene, gegen alles Tote das Lebendige. Sie waren beseelt vom Wunder des Organischen. Die unter ihm geheimnisvoll tätigen Kräfte der Tiefe zogen sie an. Wo die Quellen von Natur und Seele entspringen, dorthin hatten sie den Blick gerichtet. Das Dasein, so schien ihnen, sei nicht nur auf das Licht hin ausgerichtet, sondern käme mindestens ebenso vom Dunkel her. Vom schöpferischen Ursprung und Schoß erhebt sich das Sein in die Regionen der Helle. Da Natur und Geist auseinandergefallen waren, strebten die Romantiker nach ihrer Wiedervereinigung. Denn in der eigenen Seele, dort wo das wahre Leben erfahren wird, fallen sie zusammen in das Eine. Es war eine gefährliche Suche, auf die sich die Romantiker machten, denn sie tauchten hinab zu den versucherischen Mächten der Tiefe, wo die Ordnungen des Verstandes keinen Platz mehr haben, wo die zerstörerische und die schöpferische Macht beisammen hausen. Das Dasein in seiner ganzen dynamischen Fülle und Tiefe belebte die Romantiker mit einer trunkenen Lust am Abgründigen. Sie holten die Schätze eines dionysischen, vitalistischen, ganzheitlichen Lebensgefühls hervor, und ebenso Wahnsinn und Rausch. Der große Vollender der Romantik,

Friedrich Nietzsche, hatte gewarnt: „Man geht zugrunde, wenn man immer zu den Gründen geht."[132] Doch als er seine Worte sprach, war die Romantik längst Geschichte, hatte Schopenhauer schon unser ganzes Dasein als „Fehltritt" und „Verirrung" gebrandmarkt[133].

Alles Tiefe, ob in der Seele, der Erde, der Zeit brach hervor, und je geheimnisvoller, magischer es war, umso anziehender wirkte es. Mit erschreckender Stimme beschwor Görres den Geist, der in den majestätischen Naturgewalten haust und der bei Nietzsche liebevoll, der „alte Erderschütterer" genannt werden sollte. Schlegel zog es jenseits der lichten Antike in den dionysischen Untergrund des Griechischen. Novalis drang geradewegs in die Nachtseite des Seins vor, in die irrationalen Räume des Traumes, jener „Flut des unsichtbaren Weltmeeres" wogegen das Erwachen nur das „Eintreten der Ebbe" ist[134]. Ahnungen, Träume, Hellsehen, Hypnose, magnetischer Schlaf, Somnambulismus, Mythologie verschmolzen in eine Philosophie des Traums, des Todes. Man fand die Gestalten der Mythologien, die Bilder der großen Religionen in der eigenen Seele; entdeckte mithin das Unbewußte – von Carl Gustav Carus in seinem Werk „Psyche" zum ersten Mal formuliert – als den Ort, an dem die Zusammengehörigkeit von Religion, Mythos und Selbsterfahrung in aller Klarheit zutage trat. Vor allem aber waren die Romantiker des Glaubens, daß mit ihnen eine neue Zeit anhebe, daß sie an einem Wendepunkt der Geschichte stünden. Damit waren sie mit den Humanisten und Aufklärern in bester Gesellschaft, doch erst den Romantikern dämmerte der Gedanke, daß die Gegenwart, die ihrem Ende zueilt, nicht etwas ist, was nicht anders sein kann, sondern nur eine von vielen möglichen Ausprägungen des Menschseins.

Erleben wir gegenwärtig durch die New-Age-Bewegung eine Wiederbelebung der Romantik? Das Geheimnisvolle, das Mystische, das die Moderne durch die Vordertür hinausgeworfen hatte, schwappt durch die

Hintertür wieder herein. Freilich ist die Zuwendung zu okkulten Dingen, Parapsychologie, Ekstasen kein zureichender Grund das New Age zu charakterisieren, noch können okkulte Wellen als neo-romantische Strömungen bezeichnet werden. Okkulte Faszinationen gab es als Reaktion gegen den „viktorianischen“ Naturalismus am Ende des 19. Jahrhunderts[135], auch als Zeitvertreib in der „Fin-de-Siècle-Stimmung“, in den 20er Jahren und in keltisch-kultischer Belebung während des Dritten Reichs. Der New-Age-Okkultismus zeigt seine Besonderheit in seiner Bandbreite, der von Kristallheilen, über Auramassage, Astralreisen und „Löffelbiegen“[136] bis zum schamanischen Ritual reicht. Dieses Erbe hat die New-Age-Bewegung von der Hippie-Kultur der 60er Jahre angenommen, wie überhaupt viel wunderliche magisch-mythische Vorstellungskomplexe ihr entstammen. Doch das Entscheidende ist, daß sich die Beschäftigung mit dem Paranormalen als Erfahrungshunger nach transzendenten Wirklichkeiten äußert. Dementsprechend paart sich der Umgang mit dem Okkulten mit der Auslotung von Seelentiefen: beim schamanisch inspirierten Feuerritual, in der medial empfangenen Botschaft, beim Auslegen der Tarotkarten – bei allem geht es nicht eigentlich um die Resultate und Inhalte der Erfahrung, sondern um die *Erfahrung* selbst. Die Erfahrung nämlich, über das kleine Welt-Ich hinauszureichen, die Erfahrung des transpersonalen Menschen. Es erstaunt nicht, daß die gnostische Psychologie[137] C. G. Jungs, mit ihrer Kartographie eines numinosen Unbewußten, in dem Mythen, Träume, Religion, Erlösungssehnsüchte ein harmonisches Miteinander und Ineinander verbringen, im New Age so ungeheuer populär wurde; und zwar sowohl als Sprachrohr der Individuen als auch als System, auf dem die neuen transpersonalen Psychologien[138] aufbauen.

Das Zusammenfügen der fragmentierten Wirklichkeit durch die Idee der Ganzheitlichkeit ist ein Element, das die New-Age-Idee direkt mit der Romantik verbindet.

Beide denken vom Gefühl der inneren Ganzheit aus, die sich gegen die herrschende Ansicht einer Objekt-Welt versteht. Beide sind von der Vorstellung der Weisheit der Natur durchdrungen. Die Hypothese, die Erde sei in Wahrheit ein lebendiger, sich selbst organisierender Organismus, wie sie in der sogenannten „Gaia-Hypothese" vertreten wird [139], ist zutiefst romantisch. Die Wiederbelebung des Vitalismus und der Vorstellung einer den Formen innewohnenden Entelechie in der Hypothese der „morphogenetischen Resonanz" [140] ist von romantischem Geist berührte Wissenschaft. Man kann das Gerüst der Romantik beinah problemlos dem New Age überstülpen. Bei oberflächlicher Betrachtung paßt der Vergleich, weil zwei Umstände zusammentreffen, die beiden Bewegungen gemeinsam sind: das Empordringen der unterirdischen Utopie, um die im Inneren anwesende Vollendung durchscheinen zu lassen in der Welt und das Vorfinden einer sozialen und geistigen Atmosphäre, die sich anschickt, solche Sehnsucht vollkommen vertreiben zu wollen. Die Romantik blieb in gewissem Sinn ein Aufschrei von Schwärmern. Ein Aufschrei allerdings, der auf vielen Gebieten neue Entdeckungen ermöglichte, mithin von den Wissenschaften geschluckt und als Bereicherung quantitativer Wissensanhäufung verbucht wurde.

Die New-Age-Bewegung erscheint demgegenüber stabiler und geschlossener. Das ist vor allem dem Umstand zu verdanken, daß in ihren Reihen die Dichter eher Mangelware sind, die Philosophen ebenfalls. Aber sie fährt selbst mit den Geschützen der Wissenschaft auf, unterwandert die Domäne der materialistisch-mechanistischen Wissenschaft, indem sie progressive Theorien aus dem orthodoxen Lager als Beleg für die Richtigkeit ihrer Anschauungen heranzieht [141], und sie hat sich ein Bindeglied erwählt zwischen hergebrachter Wissenschaftsauffassung und radikalem Holismus (Ganzheitlichkeitsdenken), in dem alle ihre Wunschbilder ein Heim finden: Planetare Ökologie. Diese bedeutet die gegenseitige Bedingtheit wirtschaftlicher, politischer, sozialer Prozesse durch die globale Vernetzung; d.h. lokal getroffene Entscheidungen beeinträchtigen Ereignisse in ganz anderen Teilen der Welt, die auf den ersten Blick nicht damit in Zusammenhang zu stehen scheinen. Der entsprechende ethische Imperativ lautet: denke global, handle lokal[142]. Für die Beschreibung hochkomplexer Zusammenhänge gibt es wissenschaftliche Modelle, die vom „Old Age" akzeptiert sind: Kybernetik und Systemtheorie. Dieser Modelle bedient sich die New-Age-Wissenschaft und schlägt damit eine Brücke zwischen statischem, analysierendem Denken und Ganzheitlichkeit durch dynamisches, prozeßhaftes Denken. Doch unter dem Oberbegriff „planetare Ökologie" läßt sich mehr subsumieren als ein Erklärungsrahmen für weltumspannende Interdependenz. Wie ich gezeigt habe, versteht das New Age Ökologie immer auch als geistige Dimension. Explizit betont dies allen voran Fritjof Capra, indem er „Ökologie in ihrem innersten Wesen spirituell"[143] begreift. Spiritualität faßt Capra als „Lebendig-Sein" in seiner eigentlichen Bedeutung auf, als umfassendes Zugehörigkeitsgefühl zum Ganzen, zum Kosmos[144]. In dieser geistigen Zusammengehörigkeit zur materiellen Welt erhält die Verlebendigung der Erde, ja des gesamten Kosmos, erst ihren Sinn. Die Beschwörung alter Kulte um „Mutter Erde", telepathische Verbindungen, die den Raumbegriff der materiellen Ausdehnung unterwandern, „Naturweisheit" im weitesten Sinn, vereinen sich im „integralen Bewußtsein" (Gebser) zu einer Heiligung der profanisierten phänomenalen Welt. Pantheismus und Naturmystik der Romantik finden in der planetaren Ökologie ihren zeitgemäßen Ausdruck: „Das Ganze ist heilig."[145]

Freilich, der Kompromiß zwischen dem Alten und dem Neuen relativiert das radikal Andere, das die New Ager im Goldenen Zeitalter erwarten. Die Vorstellung eines Paradigmenwechsels, wobei alte Weltanschauungen mit neuen ausgetauscht werden, die mit der Vorgängerposition überhaupt nicht verglichen werden können, wird zu einer irreführenden Abstraktion. Ganz im Gegenteil, ein wesentlicher Strang der New-Age-Bewegung präsentiert sich mittlerweile als progressive „Old-Age-Wissenschaft". Denn die Systemtheorie stellt keineswegs die Überwindung des materialistisch-mechanistischen Denkens dar, sie ist vielmehr seine konsequente Fortsetzung[146]. Sie ist die mechanistische Manier, mit komplexer gewordenen Ereignissen umzugehen. In der Fülle der in die Überlegungen mit einbezogenen Einzelbereiche, einschließlich der in ihnen wirkenden Werte, gibt sich die systemtheoretisch-ökologische Betrachtung den Anschein der Ganzheitlichkeit. Allein die Zunahme an Elementen und Verbindungen der Elemente untereinander macht nicht die Ganzheit aus. Ganzheit ist immer nur das Eine in Vollständigkeit. Jede andere Ganzheitsbetrachtung ist eben ein Ganzheits*modell*, nicht aber Ganzheit. An diesem Problempunkt scheiden sich die Geister der New Ager. Diejenigen, die an der planetaren Ökologie und an der Systemtheorie – einschließlich der Theorien für lebende, sich selbst organisierende Systeme – festhalten, verfolgen den Weg der Machbarkeit eines irdischen Paradieses durch die Errungenschaften der – zugegeben differenzierter werdenden – mechanistischen Wissenschaften. Sie denken den Traum von der progressiven Naturbeherrschung weiter. Denn wenn Erde und Lebewesen und die Prozesse auf diesem Planeten als ein großer Organismus betrachtet werden, so stellt sich zwangsläufig die Frage, ob der Organismus in seiner Entwicklung sich selbst überlassen, oder ob diesem Weltganzen eine umfassende Kontrolle aufgezwungen werden soll. Die Tendenz zielt in Richtung Kontrolle, zumal sich die Ansicht breit macht, daß die Mega-Krise der Gegenwart nur durch neue Kontrollmaßnahmen zu bewältigen sein wird. Die Frage bleibt, an welchen Punkt solche Kontrolle führen soll. Bleibt sie in den Händen mechanistischer Modellentwerfer, werden diese vielleicht einige Probleme besser in den Griff bekommen, die New-Age-Utopie wird aber als Chimäre verblaßt sein. Und in der Tat wollen insbesondere die Befürworter systemtheoretischer Modelle in ihrem „erleuchteten" Elitarismus auf keinem Fall der New-Age-Bewegung zugerechnet werden.

Wie weit die herzustellende planetare Ökologie die Vision der Ganzheit schon hinter sich gelassen hat, zeigt die Wiederbelebung einer Sichtweise, die dazu angetan sein kann, die reale Situation entscheidend zu unterschätzen. Die moderne Krise, meint Capra, sei in erster Linie keine Krise der Ökonomie oder der Politik, sondern eine „Krise der Wahrnehmung". Capra meint damit, daß die Verbundenheit der Phänomene nicht erkannt wird. Seine These intendiert jedoch auch die Leibnizsche Einstellung, daß alles Chaos und Verwirrung nur dem Anschein nach existiert. Die Rede von der Krise der Wahrnehmung ist dazu angetan, die Krise nicht mehr in angemessener Weise wahrnehmen zu können.

Auf der anderen Seite sind da aber noch jene New Ager die der Wissenschaftsgläubigkeit des Neuen Denkens skeptisch gegenüber stehen. Sie sind in gleichem Maße von der Urerfahrung des Geistes berührt. Doch wo für die einen Geist als „Geist in der Materie" (Charon) steht, wobei Bewußtsein zu einer Funktion von Komplexität wird, ist er für die anderen in ursprünglicherer Weise Synonym für Leben – Leben nicht als organisches Wuchern und Vervielfältigen, sondern Leben als pneumatische Erfülltheit von feuriger Werdesehnsucht jenseits aller Formenvielfalt. Das Drängen nach Ganzwerdung wird hier zunächst als die von Jung geforderte Gegensatzvereinigung in der eigenen Seele empfunden. „Selbstverwirklichung", um ein gebräuchliches, aber irreführendes Wort zu verwenden, ist zunächst ein Prozeß, durchlässig zu werden für das Leben, das als Pneuma in uns anwesend ist. Alles andere folgt daraus. Ob diese Innerlichkeitskultur ein narzißtisches Verschwinden im eigenen Schneckengehäuse ist und die Erwartung der Lösung aller Krisen durch persönliche Transformation von der Realität der

Tödlichkeit der Krise eingeholt wird, bleibt abzuwarten. Die Tatsache bleibt aber bestehen, daß mit dem New Age die Kraft der utopischen Urerfahrung in einer Weise in die Welt kommt, daß mit ihr untrennbar das Gefühl verbunden bleibt, an *dem* entscheidenden Punkt in der Evolution angelangt zu sein, an welchem sich entscheidet, ob wir Produkt einer Zufallsentwicklung oder eingebettet sind in eine Heilsgeschichte.

II

Dekadenz des modernen Bewußtseins: New Age als Antwort?

Narzißmus der Postmoderne

Aus dem Dargestellten verstehe ich die Möglichkeit einer Einordnung und Differenzierung kontroverser Themen um New Age. Daraus geht auch hervor, daß nicht einheitlich über die New-Age-Bewegung geurteilt werden kann, sondern daß die Beurteilung immer eine Adresse benötigt, die eine Ausfaltung dessen ist, was ich als den unterirdischen Erkenntnisweg charakterisiert habe. Das New-Age-Gedankengut steht nicht etwa als geistiges Gepäck einer wohldefinierbaren Gruppe vor uns, sondern ist gewissermaßen selbst Ausdruck postmodernen Lebensgefühls. Die Postmoderne ist ein Resultat des Verschwindens der Moderne. Wie kann, so mag man sich fragen, die Moderne verschwinden? Unser alltagssprachlicher Gebrauch des Wortes „modern" suggeriert das jeweils Neueste, das wir bestaunen und mit der nächsten Mode zu überholen trachten. Auch in diesem Sprachgebrauch steckt die Grundüberzeugung des modernen Bewußtseins: unendlicher Fortschritt, Freiheit der Wahl. Zum modernen Bewußtsein gehört aber auch der Objektivismus, die progressive Naturbeherrschung und der Gedanke, daß der unendliche Fortschritt notwendig ist[1].

Nun ist dieses Bewußtsein nicht wirklich verschwunden. Im Gegenteil, es stellt sich immer noch als das vorherrschende dar. Dennoch, die Moderne, und damit das moderne Bewußtsein, haben einen Bruch erlitten. Das moderne Bewußtsein hat sich durch die Erfolge der zu ihm gehörenden wissenschaftlichen Instrumentalisierung selbst überholt, es ist in die Phase des Verfalls eingetreten. Der Mensch ist mittlerweile in der Lage, wenn nicht die ganze Natur, so doch zumindest sich selbst, zu vernichten. Damit hat sich der Mythos von Naturbeherrschung und unendlichem Fortschritt gegen sich selbst gewendet. „Ob wir das *Ende der Zeiten* bereits erreicht haben, das steht nicht fest. Fest dagegen, daß wir in der *Zeit des Endes* leben, und zwar endgültig. Also, daß die Welt, in der wir leben, nicht fest steht. ‚In der Zeit des Endes' bedeutet: in derjenigen Epoche, in der wir ihr Ende täglich hervorrufen können. – Und ‚endgültig' bedeutet, daß, was immer uns an Zeit bleibt, ‚Zeit des Endes' bleibt, weil sie von einer anderen Zeit nicht mehr abgelöst werden kann, sondern allein vom Ende."[2]

„Die Zeit des Endes", das ist die entscheidende Zäsur in der Moderne und im modernen Bewußtsein. Nur allmählich gewinnt das Bewußtsein, das sich dieser Tatsache inne geworden ist, Konturen. Für diese unerhörte Möglichkeit, die gerade jenem Bewußtsein entsprungen ist, das sich in der ständigen Erweiterung von Optionsmöglichkeiten verstand, hat die Moderne keine Sprache mehr. Sie rationalisiert, spricht gelehrt und wissenschaftlich emotionslos darüber und verbirgt damit das unermeßliche Grauen, das sie erfahren würde, trete sie offen diesem Gorgonenhaupt gegenüber.

Lieber versickert die Moderne, wird langsam überwuchert von einem betroffenen und gewissermaßen zum dritten Male schuldig gewordenen Bewußtsein. Das erste Mal wurde es schuldig, als es den Schlummer paradiesischer Nicht-Bewußtheit hinter sich ließ, das zweite Mal im Aufbruch zum selbst-reflexiven Erkennen, mit dem es aussprechen konnte: „Ich bin", und jetzt – um es euphemistisch zu formulieren – in der Erkenntnis, daß es sich selber auf den Leim gegangen ist. Für das, was danach kommen soll und jetzt ist, gibt es keine Form, nur ein untrügliches Gefühl, nämlich *nach* der Moderne zu stehen – in der Postmoderne.

Noch ist kein nächster Abschnitt in der Bewußtseinsentwicklung ersichtlich, eher eine Zeit übertriebener Nervosität. Dies ist ein Zeichen dafür, daß eine Wurzel gekappt wurde. Die Moderne ist in einer Wirklichkeitsauffassung beheimatet, gegen die sie sich ultimativ gewendet hat und die sich ihrerseits gegen ihre Träger wendet. Die plötzlich dramatisch zugespitzte Unsicherheit hat uns bezugslos zurückgelassen. Alle Versuche, krampfhaft an den Idealen und Lösungsvorschlägen des modernen Bewußtseins festzuhalten, hieße sich aufgeben, nicht mehr hinschauen wollen. Ins wirklich nährende Erdreich müssen die neuen Wurzeln vorstoßen, von wo wir vom Pneuma belebt werden. Doch in der Unruhe der Gegenwart hat sich der Weg dorthin nur undeutlich gezeigt.

So ist die Postmoderne zuerst und vor allem der Versuch einer unmöglichen Verdrängung. Da man im Bewußtsein in der „Zeit des Endes" zu sein schwerlich leben kann, versucht man zu vergessen. Verdrängen und Vergessen sind aber ausgeschlossen, weil nur durch das Bewußtsein der *conditio humana* die Postmoderne zu dem wird, was sie ist. Und zunächst einmal ist sie der gescheiterte Versuch, die dämonische Klimax des modernen Bewußtseins vergessen zu können. Doch was tun mit diesem Wissen, in einer Welt ohne Transzendenz und Erlösung? Der Bezug zur gnostischen Urerfahrung ist ersetzt durch einen Gnosti*zismus,* der im „Panzer des Mechanismus" ein Göttliches und ein darauf ausgerichtetes menschliches Selbstbewußtsein nicht zuläßt[3]. „Die Moderne hat sich übernommen, weil sie Gnostizismus ohne Pleroma (Fülle göttlicher Ganzheit), Weltverachtung ohne Vision bereits anwesender Vollendung ist."[4] Das Resultat der Orientierungslosigkeit auf diesem Boden ist, Koslowski zufolge, Nihilismus[5]. Im postmodernen Lebensgefühl nimmt Nihilismus den Platz der Betroffenheit ein. Die Moderne sah die Welt als großes Experiment an und gelangte auf diesem Weg zu einer „hypothetischen Zivilisation“ (Spaemann). Die zum Grundwesen des modernen Bewußtseins gehörende Einstellung, zu leben, „als ob es Gott nicht gäbe“, hinterläßt ihre Signatur in der Postmoderne. Überhaupt ist es schwierig eine Grenze zu ziehen, zwischen der Moderne und der Postmoderne. Zu sehr trägt letztere die Hypothek der ersteren in sich. Jeder Versuch, die Geschichte in überschaubare, klar voneinander getrennte Epochen zu fassen, entspringt der postmodernen Tendenz, der Vielfalt Namen zu geben und sie bedeutungsfrei nebeneinander stehen zu lassen. Das ist der Nihilismus: die Orientierungslosigkeit wird zur Orientierung auf Tausenderlei ohne Bezug zur Tiefe. Die hypothetische Zivilisation setzt sich im rationalen, spirituellen, literarischen Vagantentum fort. Insgeheim hofft der Mensch der Postmoderne in der, im wahrsten Sinn des Wortes, gleichgültigen Bemächtigung von ästhetischen, sozialen, intellektuellen Formen, daß die ausgetriebene Transzendenz irgendwo wiedergefunden werden könne. Auf diese Weise werden Mikro-Religionen des Körpers und der Gruppe als Ersatz geschaffen. Sie institutionalisieren gewissermaßen einen Narizßmus – Mikro-Religionen des Körpers sind nichts anderes als Narzißmus – der in der westlichen Welt erschreckende Ausmaße angenommen hat.

In fröhlichem Nihilismus wird Kultur inszeniert. Narziß will in einer ästhetisch angenehmen Sinnenwelt sich vom Sehen der wahren Welt vollkommen zurückziehen. Die durch Fernsehen und Telekommunikation angeblich so eng gewordene „große Welt“, rückt in Wahrheit in unbegreifliche Ferne. Denn was in demokratischem Nebeneinander über Bildschirme kommt, relativiert die Wirklichkeit in entscheidendem Maße: der Bericht vom Krieg steht neben dem inszenierten „Rambo“ Film-Krieg, neben der Waschmittelwerbung, neben der lächerlichen Intrigenvervielfältigung der „Seifenopern“. Auch der Voyeurismus hat sich demokratisiert und auf die Unwirklichkeit elektronischer Bildübertragung spezialisiert, die Narziß freilich völlig in der Hand hat. Er kann sie ein- und ausschalten, wann immer es ihm beliebt. Und wenn der Lärm des Alltags seinen ästhetischen Sinn stört, setzt er die Kopfhörer auf, und läßt die Kassette in seinem „Walkman" die Rolle der Realität übernehmen. Man darf das nicht auf Flucht vor dem Unangenehmen reduzieren, denn der Musik über den Kopfhörer wird auch beim Waldspaziergang oder auf dem Karibik-Strand gelauscht. Es geht wiederum um Inszenierung: *Meine* Musik, *meine* Filme, *mein* Restaurant, *meine* Mode, *mein* Körper, *mein* Vergnügen – *meine* Welt. Selbst das Unangenehme wird fröhlich nihilistisch vereinnahmt. Nehmen wir etwa die ungemein wichtige „Musikkultur", die sich von Rock und Pop, über Punk und Wave bis Disco und Funk als Botschaftsträger versteht. So werden beispielsweise in vielen Songs die Mißstände der Zeit angeprangert: Verfolgung, Ungerechtigkeit, Apartheid, Entfremdung, Krieg. Narziß aber bewegt rhythmisch Kopf und Hüften zum Beat, inszeniert sich im Tanz der Menge in der Disco als Ausstellungsobjekt in vollkommener Beziehungslosigkeit. Die Botschaft von der Anprangerung des Unmenschlichen ruft keine Bestürzung hervor, ja sie will es gar nicht. Das Unangenehme wird für den Kult des eigenen Ichs vereinnahmt. Die Botschaft heißt nur noch: erlebe *dich* im Klang und Tanz, ganz gleich ob es um Banales oder Grauenhaft-Reales geht, es ist ohnehin alles gleichgültig. Als ob die Antwort auf die Apokalypse der *Apcalypso* wäre.

In der Architektur, die traditionellerweise als Signatur eines Zeitalters gilt (Gotik, Renaissance, Gründerzeit, Jugendstil, etc.), hat die postmoderne Idee zu wahllosen Anleihen aus allen Zeiten und Kulturen geführt. Aus der Architektur stammt ursprünglich der Begriff „Postmoderne". New Yorker Wolkenkratzer bekommen ionische Säulen und einen gebrochenen klassizistischen Giebel in schwindelerregender Höhe aufgepflanzt. Wohnhäuser erinnern an die spielerische Zusammenstellung von Einzelelementen aus einem Baukasten der Architekturgeschichte für Kinder. Bunte Pastellbemalung und Neonbilder ironisieren zusätzlich das Gemeinte. Nur das echt Falsche ist das Echte: die ganze Kulturgeschichte manifestiert sich als bewohnbare Zitatensammlung, an der alles nachgeahmt ist, sich aber als echt ausgibt[6]. Die neueste Architektur hingegen empfindet vor dem ästhetischen Traditionalismus und gedankenlosen Spiel der Postmoderne einen tiefen Ekel und gehört ihr doch selbst an. In Anknüpfung an die Avantgarde der zwanziger Jahre will sie mit allen hergebrachten Sichtweisen Schluß machen. Die Bauten werden zu Momentaufnahmen von Katastrophen. Wenn man Türen, Fenster, Dächer sucht, wird man enttäuscht. Wandelemente schweben, Räume gehen ineinander über und ins Uferlose. Man fühlt sich in ein Bild Margrittes versetzt oder in den Video-Clip einer Rock-Band, in dem aus bekannten Formen stets neue werden – eine ewige Wandlung ohne Bezugspunkt, die als einziges Gefühl das der Leere zurückläßt. Entsprechend der Unmöglichkeit, sie zu realisieren, bestehen viele dieser Bauten nur als Modelle, die wie notdürftig montierte Zusammenbrüche aussehen. Als „Dekonstruktivismus" wird diese Katastrophenarchitektur bezeichnet. Der Dekonstruktivismus ist eigentlich ein Interpretationskonzept der Literaturwissenschaften, das sich anschickt, die Nachfolge des Strukturalismus anzutreten. Sein Verfahren ist die Oszillation zwischen Aufbau und Zerstörung von Textbedeutungen. Die neue Freiheit überbietet sich selbst: in den Erfindungen von Video-Illusionen läßt sich nicht wohnen, und die Ästhetik der Zerstörung von Kulturerrungenschaften ist, wenngleich ihre Protagonisten es nicht wahrhaben wollen, zutiefst postmodern. Einige realisierte Bauten von Frank Gehry, der Wiener Gruppe Coop Himmelblau und vor allem die Entwürfe von Zaha Hadid erscheinen als eingefrorene Explosionen. Pathetisch wird die „Zerstörung durch den Donnerkeil" kultiviert. Auf diese Weise bricht das Bewußtsein vom Leben in der „Zeit des Endes“ durch. Doch es bleibt ohne Konsequenzen, gilt nur in der Ausformung als ichverliebter Tempelbau. Der Weg zum Überschreiten des Ich, einer wirklichen Öffnung zum Du, zu einer transpersonalen Bewußtseinsebene, die diesen Namen verdient, führt durch den Augiasstall des mental-ichhaften Bewußtseins der Moderne. Wenn die Postmoderne vor der Aufgabe zurückschreckt, ihn auszumisten, dann mag Siegfried Lenz recht behalten, der die bitter-ironische Inschrift für den Grabstein der Erde vorschlug: „Jeder wollte nur das Beste – für sich.“ [7]

New Age als postmodernes Spielfeld

Das New Age gehört zur Postmoderne und ist doch zugleich der Versuch einer Emanzipation von ihr. In dieser Zweideutigkeit entscheidet sich, zumindest auf der gesellschaftlichen und politischen Ebene, ob das New Age als „sanfte Verschwörung“ (Ferguson) oder „sanfte Verblödung“ (Pestalozzi) auf den Gang der Geschichte Einfluß nehmen wird.

In welcher Weise gehört das New Age der Postmoderne an? Es gibt Definitionsversuche der Postmoderne, die New Age mit ihr gleichsetzen [8]. Die Postmoderne wird dann, in Gegensetzung zur Moderne gekennzeichnet durch den Vorrang des Gefühls, der Intuition, des Glaubens, die Bedeutung des Individuellen, Zufälligen, Gegenwärtigen, die Auflösung des Subjekts, seine Übereinstimmung mit dem Kosmos, mit dem Göttlichen. Wir haben gesehen, daß die Grundlage der Postmoderne anderswo zu suchen ist, nämlich in der Realisierung des Scheiterns des modernen Bewußtseins und seiner Erfolge. Die Abwendung von Rationalismus, Realismus, vom Glauben an den Fortschritt, vom Glauben an die Herstellbarkeit von Gesellschaft, Menschheit und Welt ist eine Folge der Permissivität. Alles ist möglich, alles ist zugelassen. Selbst vor der unantastbaren wissenschaftlichen Methode macht die fröhliche Maxime „Alles ist erlaubt" nicht halt[9]. Der Boden für das Gedeihen der eigenartigen Ideen und Handlungen ist bestens bereitet. Sobald die esoterische Suche aber Selbstzweck wird, ist sie Teil des postmodernen Ausdrucks von Narzißmus. Der Suchende erschafft sich darin *seine* eigene Religion, zusammengebastelt aus Destillaten spiritueller Traditionen, wickelt sich in das Kokon der kosmischen Einheit, erwählt sich *seine* Gruppenzugehörigkeit oder tauscht sie nach Belieben wieder aus, um in der gemütlichen All-Einheit nicht das Allein-Sein zu spüren.

In der Wahl von immer neuen spirituellen Wegen und therapeutischen Methoden der Selbsterfahrung liegt eine große Gefahr narzißtischer Vereinnahmung. Therapie und spirituelle Disziplin werden dadurch in den Dienst des Ich gestellt. Auf diese Art und Weise wird die transpersonale Erfahrung bedeutsam, weil *„ich"* sie gemacht habe und damit *besitze.* Die oft als Versatzstücke frei durch die New-Age-Literatur schwebenden Bekundungen, daß man in der Tiefe des Selbst mit Gott identisch ist, werden nicht als Erkenntnis über das Wesen Gottes, sondern als Erkenntnis über *„mich"* verbucht. Ohne Verankerung in der echten Erfahrung, bleibt die New-Age-Spiritualität Begriffsgerassel und ihre Vertreter traurige Gestalten. Dann entsteht das, was von Chögyam Trungpa „spiritueller Materialismus" genannt wurde und selbstverständlich nicht nur in bezug auf das New Age Gültigkeit besitzt[10]. Spirituelle Lehren und Techniken werden imitiert und nicht gelebt. Sie gereichen zum Wohle des Ich, das sagen kann, „seht her, ich habe drei Jahre lang Zen-Meditation geübt." Eine andere Form von spirituellem Materialismus ist spirituelle Praxis zu einem bestimmten Zweck, wobei der Gipfel der Bemächtigung des Spirituellen durch das Ich der Wunsch ist: *Ich* will auch zu den Erleuchteten gehören – weil es „in" ist, oder *mich* „bedeutsamer" macht.

Ich zweifle nicht daran, daß auf der Suche, auch von postmodern-narzißtischen New Agern Erfahrungen transpersonaler Natur gemacht werden. Sie bleiben aber nur Sammelstücke, solang das erlebende Bewußtsein keine echte Beziehung zu ihnen finden kann, weil es die Identität mit sich selbst verloren hat. So kommen einem die endlosen, an wissenschaftlichen Klassifikationen gemahnenden Litaneien von Bezeichnungen für transpersonale Erfahrungsräume in den Sprachen der Weltreligionen wie kraftlose Beschwörungen des Parakleten vor, von dessen Hauch man berührt wurde, ohne von ihm erfaßt worden zu sein. Die fleißige Sammlung von Beschreibungen und Übungen spiritueller Disziplinen gerinnt zum aussichtslosen Versuch der Verlebendigung eines Zustands, den man nicht erzwingen, sondern dem man *sich* – sein „Ich" – nur ausliefern kann. Die andere Möglichkeit, auf diesem Weg verlorenzugehen, ist die, allzu rasch – womöglich aufgrund massiver transpersonaler Erfahrungen – der ausgesprochen resistenten Täuschung zu verfallen, eine Stufe der Erleuchtung erklommen zu haben. Jeder Zuwachs an Bewußtheit bringt die Gefahr einer Inflation mit sich, die bei spiritueller Ausrichtung eine Inflation mit dem „Archetypus des Selbst" sein kann. Die mit einem Schlag auf die Höhe des Olymp versetzte Kreatur erfaßt ein ungeheurer Schwindel, ob der plötzlichen Höhe des Blickwinkels. Eine Invasion transpersonaler Inhalte findet in ihrem Kopf statt, mit deren Hilfe die Vorstellung aufrechterhalten wird, sie selbst sei, und zwar höchst persönlich – Gott. So gesehen ist der olympische Schwindel ein vollkommener, nämlich in beiden Bedeutungen des Wortes.

Die postmodernen Elemente des New Age erschöpfen sich aber keineswegs in der Demokratisierung spiritueller Erkenntniswege als narzißtische Betätigungsfelder. Zu ihnen gehören auch die Vereinnahmung wissenschaftlicher Erkenntnisse aus verschiedensten Gebieten, durch die New-Age-Thesen gestützt werden. Gegen diese Bemächtigung wäre nichts einzuwenden, wenn sie nicht auf einem leichtfertigen Umgang mit der Bedeutung und dem Stellenwert der Resultate und Theorien basieren würde. Wir werden uns mit diesem Bereich noch gesondert zu beschäftigen haben. Im Grunde können wir bei vielen, insbesondere den enthusiastischen New-Age-Befürwortern, eine ähnliche Tendenz feststellen, wie ich sie für das postmoderne Lebensgefühl allgemein dargestellt habe: Die *Konfektionierung* einer Weltanschauung, in der man sich, unter Ausblendung wesentlicher Bereiche, angesichts des Abgrunds[11], in die „Sicherheit der Wissenden" zurückziehen kann. Auch auf diese Weise wird alles unwirklicher. Die allmähliche Lokalanästhesie im Gehirn droht, sobald sie um sich greift, zur Globalanästhesie zu werden.

Transformation: Heilmittel gegen die globale Krise

Der andere Aspekt des New Age ist die Emanzipation von der postmodernen Unfähigkeit, mit der Krise angemessen umgehen zu können. Die enttäuschten Erwartungen oberirdischer Utopien der Neuzeit münden gegenwärtig in eine zukunftslose Zeit. Statt Utopien zu erschaffen, wird die Zukunft oder der Untergang ironisiert. Was zählt, ist das Jetzt und die Erhaltung der Jugend. Nicht umsonst ist Narzißmus ein Zeichen der Unreife und das Konglomerat an Lebenseinstellungen, die unter dem Begriff Postmoderne gefaßt werden, verdeutlichen, daß wir es mit einem unreifen Bewußtseinszustand zu tun haben. Was fehlt, ist die fröhliche Aufbruchstimmung, die dem Neuen eigen ist. Vielmehr haben wir es mit einer fröhlichen Abbruchstimmung zu tun. Wie gesagt – das Bewußtsein der Nach-Moderne kann, trotz aller Unreife, nicht mehr unschuldig sein.

Dagegen hält das New Age ungebrochenen Optimismus, ja die Krise selbst wird zum Grund für den Optimismus: Endlich ist es so weit, endlich verläßt ein ausgedientes Bewußtsein unter Krach und Feuerwerk die Spielfläche. Zu lange hatte es sich ausgebreitet und gegen alle unterirdische Sehnsucht gestemmt. Es ist verloren, es hat ausgedient. Die fruchtbare Erneuerung des Lebens aus der Tiefe und auf die Höhe zu soll das alte Bewußtsein ablösen. Doch dieser utopisch inspirierte New-Age-Aspekt weiß, daß die Wende nicht über Nacht kommen kann. Vielmehr muß sie vorbereitet werden, gleichsam wie eine Verschwörung in die Reihen der Verfechter des modernen Bewußtseins eindringen. Die Rede von der „Verschwörung im Zeichen des Wassermanns"[12] ist Programm. Nicht im Sinne einer revolutionären kriminellen Unterhöhlung, sondern als organisch sich findende Gleichgesinnte, wobei jeder in dem ihm möglichen Rahmen das Neue zu leben trachtet. Das Neue soll der „sanfte Weg" des Tao sein – nicht gegen die Natur, sondern mit ihr. Das bedeutet aber auch ein Weg nicht gegen, sondern mit der *sehnsüchtigen* Natur im Menschen. Und wenn das deutlichste Wort, das wir für Sehnsucht nennen können, „Liebe" heißt, so bedeutet das den Weg der Liebe.

Vernetzung, Harmonisierung, Vereinigung der Gegensätze, Ausgleich, Leben in der Komplementarität von Yin und Yang, Spiritualität, alles zielt darauf ab, das Auseinandergefallene zurückzuführen, sich dem Ganzen zur Verfügung zu stellen. Erst die Liebe verleiht diesem Streben Substanz. „Wenn ich in den Sprachen der Menschen und Engel redete, hätte aber die Liebe nicht, wäre ich tönendes Blech oder lärmendes Schlagzeug. Und wenn ich prophetisch reden könnte und alle Geheimnisse wüßte und alle Einsicht hätte; wenn ich alle Glaubenskraft besäße und Berge versetzen könnte, hätte aber die Liebe nicht, wäre ich nichts" (1. Kor.13, 1–2). Es ist eine Tatsache, daß eine große Anzahl von Menschen, die dem New Age nahestehen oder sich ihm zugehörig fühlen, in ihrem Inneren zutiefst von dem angerührt sind, was Paulus im ersten Korintherbrief ausspricht. Den New Agern nur das

Spiel mit Begriffen unterschieben zu wollen, bestenfalls noch Gnosis als rein intellektuelle Erkenntnissuche[13], hieße nur *eine* Ausformung des New Age anprangern. Wer die Höhen und Tiefen der New Ager miterlebt hat, sie selbst erlebt hat in ihrer oft verzweifelten, aufrechten Suche, der weiß, daß der Geist der Liebe in ihnen lebendig ist. Das leugnen zu wollen hieße Propaganda betreiben.

Ein Hauptargument der Kritik gegen die Tragfähigkeit des New-Age-Gedankens, beziehungsweise gegen die Umsetzungsmöglichkeiten der „Gänzlichungsbestrebungen", stützt sich auf den Ausgangspunkt der New Ager, daß gesellschaftlicher und politischer Wandel seine Vorformung in persönlichem Wandel benötigt. Ohne persönliche Transformation keine gesellschaftliche. Es kann freilich gesellschaftliche Veränderungen geben, denen keine individuelle Transformation zugrunde liegt. Im gewöhnlichen Fall handelt es sich dabei um Veränderungen von außen oder von oben. Also durch Macht herbeigeführte Umwälzungen als Revolutionen und Reformen. Solcherlei geschieht nicht im gesellschaftlichen Vakuum. Auch Revolutionen und Reformen kennen ihre Vorformen im personalen Bereich: Unzufriedenheit, Unterdrükkung, utopisches Drängen. Doch zwischen Veränderung und Transformation besteht ein gewaltiger Unterschied: Veränderung ist eine „Änderung von Oberflächenstrukturen, Transformation eine Wandlung von Tiefenstrukturen"[14]. Die Reform, häufig auch der Umsturz und die Revolution, behalten die existierenden Tiefenstrukturen bei. Transformation kann sinnvoll nur aus der untrennbaren Zusammengehörigkeit von persönlicher und gesellschaftlicher Verwandlung verstanden werden. Die Tiefenstruktur des Gesellschaftlichen *ist* das persönliche Bewußtsein mit seinen Vorlieben, Wünschen, Idealen und Sehnsüchten.

Kritik, die sich gegen das Konzept persönlicher Transformation wendet, übersieht diesen wesentlichen Zusammenhang. Sie interpretiert persönliche Transformation als Selbstverwirklichungsbestrebung und mithin als narzißtisches Waten in den eigenen Seelensümpfen. Das ist die eine Seite, wie wir gesehen haben. Der reifere und engagiertere Teil der New-Age-Bewegung geht aber von der Unvermeidbarkeit innerer Transformation aus, soll die äußere von Erfolg gekrönt sein. Andernfalls besteht die Gefahr, daß die globale Krise, um die es geht, lediglich „gemanaged", verwaltet wird, bis das unverwandelte Bewußtsein der Verwalter die Krise in einem anderen Aspekt wieder beflügelt haben wird. Zusätzlich kommt die Kritik von rationalistischer Seite, daß kein neuer ideologischer Überbau[15] nötig sei, um das Bewußtsein für und die Arbeit an der Krise hervorzurufen. In der Tat, der Rattenschwanz all dessen, was unter New Age zu subsumieren ist, kann für die soziale, ökonomische und ökologische Krisensituation keinesfalls insgesamt vonnöten sein. Andererseits ist das kein nachvollziehbares Argument gegen New Age. Schließlich ist all das, was unter dem Begriff der Moderne, des modernen Bewußtseins, der Vernunft, wissenschaftlicher Resultate vorgeschlagen und getan wird, auch nicht umfänglich für die Lösung der Krise zu gebrauchen. Im Gegenteil, die Krise ist zu einem entscheidenden Teil Produkt eines solchen, lange Zeit gültigen westlichen ideologischen Monopols.

Wo Selbstverwirklichung zum narzißtischen Selbstzweck wird, ist sie für persönliche Transformation verloren. Sie perpetuiert das Diktat des mentalen Ich. Transformation meint einen radikalen Wechsel des Bewußtseins, der den ganzen Menschen umfaßt. Die Einschätzung seines bisherigen Lebens und seiner Beziehung zur Welt ändern sich in einer Weise, die ihm nur noch die Möglichkeit zu einem „neuen" Leben läßt. Die Frage, die sich in diesem Zusammenhang stellt, ist: Wie kann man sichergehen, daß Transformation ein „neues" Leben zum *Besseren*, im Sinne einer globalen gesellschaftlich-ökologischen Perspektive, darstellt? Die Frage ist eigentlich schon durch den Begriff der Transformation beantwortet. Entwicklungen zu größerem Egoismus, zu Gleichgültigkeit, zur Philosophie des schnellen Geldes und dem ständigen (Konsum-)Spaß der Yuppies, zu Verzweiflung, Nihilismus und Verantwortungslosigkeit sind keine Transformationen. Es sind bestenfalls gescheiterte Experimente oder das Offenbarwerden der wahren Wünsche hinter vorgeschobenen Wachstumsmotivationen. Transformation zielt auf Erneuerung des Menschen. Sie ist innerlich jener leidenschaftlichen Suche der Romantik nach Erneuerung des Lebens verwandt. Darum ist Transformation nicht in einem Wochenend-Workshop zu „erlernen". Sie erfordert Reife, um den Verwandlungswunsch zuzulassen, Reife, um die Verwandlung in allen Lebensbereichen zu tragen und zu verantworten. Echte Transformation bleibt nicht als privates Erlebnis in der Seele des Individuums, sie wird sichtbar in seinen Handlungen, in der erhöhten Bewußtheit der Zusammengehörigkeit und dadurch der Verantwortung. Dieser Zusammenhang ist wesentlich und ausschlaggebend.

Gegen die persönliche Transformation, die ja in einer Wendung nach innen erstrebt wird, ist häufig der Vorwurf zu hören, es handle sich um eine „mystische Erfahrung", um die Erfahrung, im Ganzen eingewoben zu sein, ja in der Tiefe die Ganzheit selbst zu *sein*[16]. Zurück bliebe nur ein überwältigendes Glücksgefühl, eine Art kosmisches Bewußtsein, das Verfließen mit dem All, das Eingehen in einen alldurchdringenden Weltgeist. Mithin stünde als Ergebnis der Erfahrung der ichlose Mensch da. Persönlichkeitslos verliere er sich im Ganzen. Der so zugunsten des „Einheitserlebnisses mit dem ganzen Kosmos" aller „Ich-Empfindungen" entledigte Mensch verlöre dadurch „auch die Grundwerte der Neuzeit wie Menschenwürde, Menschenrechte, Gewissen, Verantwortung"[17]. Transformation auf ein höheres Bewußtseinsniveau darf nicht als Ich-Verlust mißverstanden werden. Zwar ist es richtig, daß ein höheres Bewußtseinsniveau nur durch die Überwindung des mentalen Ichbewußtseins zu erreichen ist, doch Überwindung bedeutet Eindringen in einen Bereich, in dem das Ich einen verwandelten Stellenwert besitzt. In den Bewußtseinsebenen vor der mental-ichhaften Zeit[18] kannte das Individuum durchaus auch etwas, das sich als „Ich" bezeichnen ließ. Das „Ich" manifestierte sich noch nicht in der Form des selbst-reflexiven Ich und war in ganz anderen Identifikationen befangen als das „Ich" der mental-ichhaften Zeit. Die „psychische" oder transpersonale Bewußtseinsebene, die auf das mental-ichhafte Bewußtsein folgen soll[19], stellt nicht einen Zustand der Ichlosigkeit als atavistisches Einheitsgefühl – das wäre nur eine Regression in präpersonale Bewußtseinsstufen –, sondern eine neue Identifizierung des Ich dar. Die „psychische" Bewußtseinsstufe markiert den Beginn der transpersonalen Entwicklung: die kognitiven und wahrnehmenden Fähigkeiten werden offensichtlich so pluralistisch und universal, daß sie anfangen, über alle engen persönlichen oder individuellen Perspektiven und Anliegen hinauszureichen. Das gilt sowohl für die kognitiven und wahrnehmenden Fähigkeiten des Geistes, die durch Kontemplation und Meditation „erforscht" werden, als auch für die ebenso subtile Durchdringung der „äußeren" Realität. Das Ich ist nicht mehr reduziert auf Denken und Körper, sondern auf eine vergrößerte Realitätsauffassung erweitert, die Beschränkungen in Raum und Zeit, wie sie für das mental-ichhafte Bewußtsein typisch sind, überwindet. Das Ich ist nicht aufgelöst in einem kosmischen Brei, es hat eine andere Position inne. Insofern werden jene „Grundwerte der Neuzeit", wie Menschenrechte, Gewissen, Menschenwürde und Verantwortung in viel höherem Maße relevant. Wie könnte ein Bewußtsein, das als innerste Erfahrung sein „Ich" nur in der Beziehung zum Anderen als solches kennt, diese Grundwerte mißachten? Eine solche Mißachtung könnte nur einem abgrundtiefen Selbsthaß entspringen, der meiner Meinung nach schon jede Transformation zu neuem Bewußtsein im Keim ersticken würde.

Die Bereitschaft zur Veränderung der bedrohlichen Situation des Lebens auf dem Planeten ist in ihrem Wesen und ihren Konsequenzen identisch mit der Transformation des Individuums. Gegenwartsphilosophen, die sicherlich nicht der New-Age-Bewegung zuzurechnen sind, kommen zu dem gleichen Ergebnis. Carl Friedrich von Weizsäcker beklagt die Angst der Menschen angesichts des überwältigenden Ausmaßes der Bedrohung, in der wir leben[20]. Was er meint, ist allerdings nicht die Angst vor der Bedrohung selbst, die nur zu verständlich ist. Er meint die Angst vor dem Bewußtwerden – vor einem Bewußtsein, dem das Ausmaß der Krise schonungslos vor Augen liegt. Ein Bewußtsein, das gleichzeitig das Individuum nicht aus der Verantwortung läßt, weil es sich aus seiner Rolle im Zusammenhang des Ganzen nicht „hinausdividieren" kann. Der Weg zur Bewältigung der Krise, folgert Weizsäcker in gewohnt brillanter Analyse, führt über den einzelnen Menschen; denn der ist Träger und Former des Bewußtseins. Der marxistische Philosoph Milan Machovec sieht die Chance der Menschheit auf derselben Ebene. Das „äußerlich behütete Nebeneinander"[21] hat ausgedient, es trägt nicht mehr, es ist mit der Krise identisch. Der Mensch muß ernste „rationale und moralische Gründe zu einem echten Miteinander *erleben*"[22]. In dieser Aussage geht Machovec sogar einen Schritt weiter, als seine Formulierung nahelegt. Er spricht von einem Erleben, das den Wandel von einem Nebeneinander zu einem Miteinander erst möglich macht. Das Erleben bedarf aber nicht „rationaler Gründe". Diese sind sekundär. Die Erfahrung aber, daß sich das Individuum um dieses echte Miteinander nur herumdrücken kann unter Preisgabe erhöhter Bewußtheit, ist Ausgangspunkt der Transformation. Ihr Kulminationspunkt aber ist das Offenbarwerden der Liebe, auf deren Fundament das neue Bewußtsein ruht, soll es wirklich das Neue sein.

Holistisches Handeln: Politik des New Age

Wie stellen sich New-Age-Vertreter die Implementierung der aus der Transformation des Bewußtseins erwachsenen sozialen und politischen Ziele vor? Zunächst einmal in einer Revidierung des Ziel-Begriffs. Als Ziel mag ein idealisierter Zustand harmonischen Zusammenspiels von Natur, Kultur und Mensch auf der Basis eines vom Friedenswillen und ökologischen Bewußtsein geleiteten „paradiesischen Zustands" dienen. Doch dieser wirkt nur als Utopie, nicht als Programm. Die New-Age-Befürworter betonen den Prozeßcharakter des Daeins. Durch das komplexe Zusammenspiel der systemischen und selbstorganisierenden Kräfte wird der Weg der Menschheit im Denken und Handeln entworfen. Versucht man einen solchen Prozeßentwurf als Momentaufnahme festzuhalten, um daraus einen Plan, eine Strategie zu entwickeln, werden die sich aufeinander einstimmenden Systembezüge behindert. Eine Struktur entsteht, eine Vorstellung von dem, was richtig und gut und wünschenswert ist. Das ist Arbeit gegen den Lauf der Dinge, gegen das Tao. Da das transformierte Bewußtsein ein Mitwirken im Sinne des ganzheitlichen Wohls bedeutet, ist jede strukturierte Maßnahme auf ein Ziel hin möglichst zu vermeiden (was selbstredend äußerst schwierig sein dürfte). Handeln aus dem transformierten Bewußtsein heraus ist jene Partizipation am Gesamtprozeß, der eine neue Welt entwerfen hilft.

Es ist interessant, in diesem Zusammenhang darauf zu verweisen, daß die Neurobiologen Francisco Varela und Humberto Maturana kürzlich mit eleganten Experimenten gezeigt haben, daß bereits auf der Ebene der Wahrnehmung ein „Entwerfen" der Welt stattfindet[23]. Keine fertig geformte Wirklichkeit wird von uns abgebildet, wir projizieren auch nicht eine vollkommen im Bewußtsein bestehende Vorstellung auf die Realität, sondern vielmehr geschieht ein drittes: die äußere und die innere Welt werden über unsere Wahrnehmung in einem wechselseitigen Prozeß entworfen. Als Metapher verwendet Varela gern das Bild, daß wir den Weg erst durch unser Gehen erzeugen[24]. Wohlgemerkt: diese Erzeugung in Gegenseitigkeit gilt für die „äußere" Wirklichkeit genauso wie für die „innere". Auch das Bewußtsein ist kein abgeschlossenes Etwas, sondern vielmehr in dem übergreifenden Prozeß, den wir Leben nennen, eingewoben. Auf der anderen Seite hat sich gezeigt, daß die landläufigen Vorstellungen einer Natur, die aus Kampf, Konkurrenz und Überleben des Stärkeren besteht, nicht mehr aufrechterhalten werden kann. Darwin behauptete noch: „Was für ein Buch könnte ein Priester des Teufels über die schwerfällige, verschwenderische, ungeschickte, niedrige und schrecklich grausame Natur schreiben!"[25] Jetzt zeigt die Neue Biologie[26], daß die Vorstellung von der grausamen Natur einfach falsch ist. Auf allen Ebenen der Natur sind Selbstregulationsmechanismen am Werk, die durch die Prinzipien der Kooperation, Ökonomie und Harmonie gekennzeichnet sind. Leben offenbar sich als gerichtete Selbstbewegung, die nicht Zufall und Kampf ausgeliefert ist. Vielmehr ist die „Natur eine Allianz, die auf Kooperation begründet ist"[27]. Offenbar hat der Mensch Fauna, Flora und Meteorologie zu lange in Entsprechung zu seinen eigenen Motiven und Erfahrungen betrachtet. Die Biologie entstand und fand ihre ersten großen Theorien im 19. Jahrhundert. In einer Zeit also, in der Technisierung und Mechanisierung Hand in Hand mit einem wissenschaftlichen Naturalismus gingen, der die Trennung von Geist und Materie zugunsten letzterer besiegelt zu haben schien. Der innerseelische Kampf der künstlich gespaltenen Persönlichkeit fand seine Projektionsfläche in der Natur, wo wir die elementaren Vorbilder des Menschen antreffen. Die grausame, heillos in Kämpfen zersplitterte Natur war nur ein Spiegelbild von dem, was der Mensch aus seiner Ganzheit gemacht hatte und im Begriff war, aus der ganzen Natur zu machen: sie siegreich zu unterwerfen, auszubeuten und zu beherrschen.

Die Theorien über die Natur waren Reflexionen, die nicht gestatteten, das kooperative Miteinander in der Gesamtheit des Naturgeschehens zu erfassen. Wenn heute im Zuge des sogenannten Neuen Bewußtseins der Mensch die Kooperation, den Altruismus, das Bewahren der Ressourcen, die Anwendung angepaßter Technologien, eine umfassende ökologische Ethik wiederentdeckt, dann bewegt er sich auf dem Weg der Reintegration in den großen Organismus Natur. Denn von dem hatte er sich losgelöst und ihn, in einer Anstrengung seine Ablösung zu rechtfertigen (die theologische Begründung, sich die Erde untertan zu machen, wurde durch die naturwissenschaftliche Zurückweisung des Schöpfungsgedankens unbrauchbar) zu einem grausamen, niederen, geist- und seelelosen Konglomerat umfunktioniert. Auf dem Hintergrund dieser Zurückbewegung in den Gesamtprozeß sind die sozialen und politischen Aktivitäten des New Age zu verstehen. Diese Kehrtwendung darf nicht als regressives „Zurück in einen unberührten Naturzustand" verwechselt werden. Eine solche Vorstellung wäre allzu naiv und gehört nur marginal zum New-Age-Gedanken; vertreten vor allem vom Typus des „Aussteigers", der die Lebensweise von Stämmen vor den großen „Entdeckungen" auch heute noch für praktikabel hält (in meinem Schema unter Punkt 4 eingeordnet). Das Zurück bezieht sich vielmehr auf ein Wiedergutmachen der katastrophalen Ergebnisse jahrhundertelanger „falscher" Betrachtung von Geist und Welt. Insofern ist Capras These von der „Krise der Wahrnehmung" angebracht.

Der Versuch, das transformierte Bewußtsein zu einer globalen gesellschaftlichen Transformation „einzusetzen", ist die Strategie der New Ager, die über den natürlichen Einfluß jedes einzelnen am Gesamtprozeß hinausgeht. Auf dieser Ebene entstehen mannigfache Probleme, die zu Recht vielfach im Mittelpunkt der Kritik stehen. In

Kurzfassung seien hier die wichtigsten Ideen und Strategien der New Ager aufgeführt[28]. Netzwerke von Gleichgesinnten schließen sich zusammen und formen so die Basis der „sanften Verschwörung". Sie arbeiten nicht nach der Form klassischer Hierarchien, sondern als dezentralisierte, organisch-demokratische Systeme. Kennzeichen des Netzwerks sind Flexibilität, Kreativität, Förderung von Autonomie, Anteilnahme, Konsens, Selbstausdruck, Selbsterkenntnis, Arbeit zum Wohl des Ganzen. Durch die systemischen und selbstorganisierenden Eigenschaften des Netzwerks und zahlreicher „Unter-Netzwerke" (nicht im Sinne von Hierarchie, sondern von Funktion verstanden) entsteht Synergie. Es handelt sich dabei um das Zusammenwirken vieler Bestandteile im Einklang mit dem Ganzen, wodurch ein „Energieüberschuß" aus der Kooperation entsteht[29]. Vom Netzwerk, aber exakter noch von den einzelnen Individuen in ihm, soll durch „Ausstrahlung" der gesamtgesellschaftliche Wandel schneller vorangetrieben werden. Die Ausstrahlung ist sowohl psychologisch wie „magisch" gedacht. Psychologisch ist es die Ausstrahlung, die ein „Mensch des Neuen Bewußtseins" durch Anteilnahme, Verständnis, Bereitschaft für das Ganze, Risiko auf sich zu nehmen, aber auch durch seinen „Rang"[30] und seine spirituelle Autorität[31], auf andere auszuüben vermag. „Magisch" nenne ich die Vorstellungen, daß die Bewußtseinshaltung des New Age, insbesondere wenn sie von vielen Menschen geteilt wird, auf rätselhafte Weise auf andere übergreifen soll[32]. Auch direkt wollen die New-Age-Befürworter auf die politische Agenda Einfluß nehmen. Die Bezeichnung, die sich dafür durchgesetzt hat, heißt „Metapolitik"[33] und ist der Versuch, das Wertesystem des Neuen Bewußtseins überall zum Ausdruck zu bringen, um Resonanz zu erzeugen. Gemäß der Prämisse, daß gesellschaftliche Veränderungen stets von Minderheiten hervorgerufen werden, soll die konsequente metapolitische Einflußnahme ein Bestandteil des Erfolges sein. Zur Demonstration der Möglichkeit und Wünschbarkeit einer neuen Weise gesellschaftlichen Zusammenlebens und der Problembewältigung verweist das New Age auf „Mustereinrichtungen“, die beispielhaft für das Anzustrebende sein sollen. Gewöhnlicherweise handelt es sich dabei um Kommunen, in denen im Kleinen die Utopie der Neuen Zeit zu leben versucht wird. Diese „quasi-institutionellen Strukturen“[34] dienen dem New Age gewissermaßen als Übungsplatz, aber auch als Demonstrationsmodelle des Möglichen. Werfen wir nun einen Blick auf die Probleme und die Kontroversen um die Verwirklichung der globalen New-Age-Gemeinschaft.

Findhorn: Verwirklichtes New Age?

Um die Probleme anschaulich darstellen zu können, greife ich auf die Demonstrationsstrategie der New Ager zurück. Anhand des Beispiels einer New-Age-Gemeinschaft sollen die wesentlichen Faktoren besprochen werden. Ich wähle dafür die recht bekannte Findhorn-Community im Norden Schottlands[35].

Die Findhorn-Gemeinschaft geht auf das Jahr 1962 zurück. Als der ehemalige Major der Royal Air Force, Peter Cady, seinen Managerposten im Luxushotel Cluny Hill in Forres verliert, bekommt seine Frau Eileen die Eingebung, in der Nähe von Forres beim Campingplatz von Findhorn, zu bleiben. Eileen kam durch ihren Mann dazu, sich intensiv mit spirituellen Erfahrungen auseinanderzusetzen. Seit geraumer Zeit hörte sie in ihrem Inneren eine Stimme, die ihr „guidance“ – Führung – gab. Sie nannte die Stimme „the still small voice within“ – die noch kleine innere Stimme. Aufgrund der „Führung“ durch diese Stimme entschließen sich die Caddys mit ihren beiden Söhnen und ihrer engen Freundin Dorothy MacLean, in einem Wohnwagen in Findhorn zu bleiben. Die Stimme hatte Eileen prophezeit, daß mit der Zeit an diesem Ort ein blühender Garten entstehen würde und daß viele Menschen kommen würden, um sich ihnen anzuschließen. Ein „Zentrum des Lichts" würde die Gemeinschaft bilden. Es gehörte eine gute Portion Vertrauen in die innere Stimme dazu, sich auf dieses Abenteuer einzulassen. Denn die Caddys lebten vom Sozialamt, und die Gegend an der Findhorn Bay war alles andere als einladend: sandiger Boden, auf dem karge Gräser gedeihen, geht in Dünen über. Noch dazu befindet sich in unmittelbarer Nähe des Wohnwagenparks ein Militärflughafen, von wo aus täglich die „Nimrods" abfliegen, um die U-Boot-Bewegungen in der Nordsee zu überwachen. Dennoch, das Grüppchen bleibt und teilt sich sieben Jahre lang einen kleinen Wohnwagen.

Mit der Zeit beginnen die Caddys einen Garten anzulegen. Keiner weiß genau, wie man das anstellen soll, sie verlassen sich vollkommen auf die innere Führung. Zu den mehr geistigen und „erbaulichen" Durchgaben Eileens gesellen sich die Eingebungen, die Dorothy MacLean direkt von den Pflanzen bekommen will. Dorothy behauptet, mit den Wesenheiten im Inneren der Pflanzen, beziehungsweise mit „Devas" zu kommunizieren. Das Wort „Deva" stammt aus dem Sanskrit und bedeutet „der Leuchtende". Im Buddhismus bezeichnet man Himmelswesen oder Götter als Devas. Dorothy verwendet diesen Begriff in engerem Sinn als jene Devas, die in der Sphäre der Begierde leben und als solche Freude an magischen Schöpfungen haben. Diese Devas sollen für viele Pflanzen- und Tierformen verantwortlich sein. Durch den „übersinnlichen" Kontakt erhalten die drei Aussteiger genaue Anweisungen, wie sie den Garten anzulegen haben, wie sie die Pflanzen behandeln sollen usw. Es dauert nicht lange, da beginnt Dorothy Feen, Elfen, Natur- und Elementargeister zu sehen, die sich beim Aufbau des Findhorn-Gartens als äußerst dienlich erweisen. Und in der Tat: der Garten blüht, gedeiht sogar zu einer kleinen Urwaldpracht. Gelegentlich kommen Menschen vorbei und bestaunen die blühende Flora und nicht weniger die konsequente Haltung der standhaften Drei. Eileen bekommt in den langen Jahren der Mühe immer wieder die Durchgabe, auszuharren, „alles wird auf euch zukommen".

Ende der 60er Jahre schließen sich die ersten Menschen dem Findhorn-Nukleus an. Sie bleiben, weil sie von der Vision Eileens überzeugt sind, daß hier ein Zentrum des Lichts entstehen soll, das in alle Welt leuchten wird, um einen neuen Äon einzuleiten, getragen von spiritueller Führung in Kooperation mit Mutter Natur. Schon bald beginnt man die ersten Hütten um den Garten zu errichten. Die fahrbaren Häuser werden nicht mehr gebraucht. Eine kleine Gemeinschaft entsteht. Anfang der 70er Jahre erscheinen die ersten Berichte über das wunderliche Grüppchen und den wunderbaren Garten in Findhorn. Von Riesen-Tomaten und Monster-Kohlköpfen ist die Rede, von einem Garten Eden in der Wüste. Schnell steigt die Zahl der Neugierigen, der „Öko-Freaks", der Hippies und „Drogenmystiker", die ein neues Mekka im kalten Norden wittern. Findhorn wird eine ansehnliche Siedlung, und Eileen Caddy bekommt mehr und mehr Mühe, durch ihren „direkten Draht nach oben" die geistige Führung beizubehalten. Allerlei okkulte und magische Vorstellungen, Riten, Kulte und chemisch erzeugte Visionen nisten sich parasitär in die reine Oase des Lichts und der Liebe ein. Der Garten wird vergrößert, und man beginnt in Spiralen, konzentrischen Kreisen, intuitiv erhaltenen eigentümlichen Anordnungsmustern zu pflanzen. Die Feldarbeit wandelt sich zum Ritual. Magische Spiralen und Gesänge werden in den Dienst eines „sakralen" Anbaus gestellt. Die bunte Schar der Sucher, die sich um den alten Wohnwagen der Caddys gebildet hat, zieht eine wechselnde Prozession von „Schülern" hinter sich her. Jeder hat etwas anzubieten und sieht nicht seine Erfüllung darin, Tomaten in Nordschottland zu züchten. Der eine beginnt Tarot-Kurse anzubieten, der andere T'ai Chi, der dritte vegetarisches Kochen, der vierte „übersinnliche" Kontakte. Jetzt setzt eine schnelle Veränderung ein. Die neo-klösterliche Gemeinde, die bislang eher in Kontemplation und doch weitgehend geschlossen gelebt hatte, öffnet sich einem Strom von Besuchern. Findhorn wandelt sich zum Seminar- und Erlebniszentrum. Der „Schlager" aller Kurse wird die „Findhorn-Erlebniswoche", und wer vom Geist der New-Age-Gemeinschaft erfaßt wird, der bleibt auch ein paar Monate da, um bescheiden im Garten oder in der Küche zu arbeiten.

In dieser Phase unüberschaubaren Wachstums werden Drogen von Findhorn verbannt – das einzige offizielle „Gesetz", das bis heute Gültigkeit hat. Mit ihnen verschwindet ein Teil des neo-religiösen Vagantentums. An dessen Stelle treten Menschen voller Ideen und Projekte, die sie endlich im Rahmen einer offenen Gemeinschaft verwirklichen wollen. Ein großer Speisesaal wird errichtet, um den Besucherandrang zu fassen, „sanctuaries" – Tempel – ohne Etikett einer Religionsrichtung, entstehen. Mit dem ersten Geld wird ein größeres Stück Land gekauft, Hütten werden gebaut.

Die einfache Struktur des frühen Findhorn ohne organisatorischem Führer, aber unter geistiger Führung von Eileen Caddy, wird komplexer. Um besonders kreative Mitglieder entstehen Interessens- oder Projektgruppen. Die Projekte lassen so etwas wie Stände entstehen: Köche, Gärtner, Weber, Schreiner, aber auch Seminarleiter, Autoren, Künstler, Musiker, Kontemplative. Es bildet sich eine dörfliche Gemeinschaft. Um sie zu verwalten, ohne in die alten hierarchischen Muster zu fallen, werden sogenannte *focalizors* – Fokalisierer – ernannt. Ein *focalizor* ist kein Vorgesetzter im herkömmlichen Sinn, sondern jemand, bei dem die Fäden zusammenlaufen. Es hat sich gezeigt, daß bestimmte Personen Anlaufstellen für Fragen zu einem bestimmten Bereich bilden, natürliche Autoritäten, wenn man so will. Diese werden zu Fokalisierern auf Zeit ernannt und sind dafür verantwortlich, daß die

„energetischen Prozesse“ in ihrem Bereich „im Fluß“ bleiben. Ändern sich die Prozesse oder die Prioritäten der Gemeinschaft, dann reagiert der Gesamtorganismus, indem auf ganz „natürliche“ Weise ein Fokalisierer für einen anderen Platz macht. Das gleiche gilt für den *community-focalizor*, der den „Energieknoten“ für die Gesamtgemeinde bildet.

Innerhalb der ständigen Mitglieder in der Findhorn-Kommune wird alles für das Leben Wichtige umsonst bereitgestellt. Mit den Seminar-Einnahmen werden Nahrungsmittel gekauft und alternative Projekte unterstützt. Seit Anfang der 80er Jahre steigt die Popularität von Findhorn enorm an. Im Zuge der Verbreitung von New-Age-Ideen wird Findhorn Synonym für „existierende New-Age-Gemeinde“. Der Andrang an Besuchern steigt in einem Maße, daß sich das Zentrum des Lichts zu expandieren genötigt sieht. Was auf den wenigen Quadratmetern eines Wohnwagens begann, nimmt gigantische Ausmaße an. Mit den vielen Geldern läßt sich längst mehr machen, als ein paar Kartoffeln anbauen. Die Gemeinde erwirbt ein nahegelegenes großes Herrenhaus mit beachtlichen Ländereien, auf denen von nun an das Gemüse für die 5000 Seminar-Teilnehmer und noch einmal so viele Kurzbesucher jährlich angebaut wird. Als nächstes kauft Findhorn das Luxushotel Cluny Hill, dessen Manager Peter Caddy vor mehr als einem Vierteljahrhundert war. Der riesige alte Bau wird zum „Cluny Hill College“, in dem fortan ein geeigneter Rahmen für die Workshops und Seminare zur Verfügung steht. Ein Findhorn nahestehendes Ehepaar überläßt die ihr gehörende Insel Erraid vor der schottischen Westküste. Während sich Findhorn bewegt und öffnet, entsteht auf Erraid sozusagen ein neues „ursprüngliches Findhorn“: auf der kargen Insel lebt eine Handvoll Findhorn-Mitglieder, die dem Rummel nicht ganz trauen. Mit Traktoren und einfacher Feldarbeit soll die Insel urbar gemacht werden, wie einst der wunderbare Garten. Freilich kann man als Findhorn-

Besucher auch ein „Erraid-Erlebnis" buchen, für jene, die das Natürliche und Natur-Gewaltige in Findhorn vermissen.

Im Zentrum der Findhorn-Siedlung erhebt sich heute die „Universal Hall" – eine Mehrzweckhalle für Konzerte, sakrale Tänze, Pantomime, Vorführungen aller Art. In ihr sind ein Tanzstudio, das Fotoarchiv und ein professionelles Fernseh-Studio untergebracht. Neben der Halle befindet sich die Versandabteilung mit großem Lager: Bücher, T-Shirts, Karten, Kalender, Programme und die hauseigene Zeitschrift „One Earth" (Eine Erde) gehen von hier aus in die ganze Welt. Redaktion und Layout-Studio der Zeitschrift sind zwar nach alternativer Manier in einer Hütte untergebracht, doch drinnen steht der neueste Computer, auf dem von der Planung bis zum Druck alles in „Heimarbeit" hergestellt wird. Die Gruppe, die sich um die Zeitschrift kümmert, ist mit Graphiken so erfolgreich, daß sie sich einen Firmennamen zugelegt hat („Bay Area Graphics") und regional Aufträge entgegennimmt. Diesem Beispiel folgt eine Gruppe nach der anderen: ein Architektenteam, das die Hütten und Wohnwägen ganz verbannen will und Findhorn als Öko-Stadt der Zukunft bereits auf dem Reißbrett geplant hat, eine Firma für Solar-Energie-Akkumulatoren, eine bereits international erfolgreiche Software-Firma, etc.

Eileen Caddy, die einzige der Gründer, die noch in Findhorn geblieben ist, sieht diese Entwicklung als einen natürlichen Wachstums- und Reifungsprozeß. Ihrer Meinung nach hat Findhorn eine Zeit der Pubertät durchgemacht, doch mittlerweile ist es ins Stadium der Reife eingetreten. Als Lichtzentrum wird es auf die ganze Welt ausstrahlen.

Und in der Tat, Findhorn strahlt auf die Welt aus. Doch in welcher Art, was wird tatsächlich durch das Beispiel „Findhorn“ in alle Welt transportiert? Zunächst haben wir das Element des „Wunderbaren“. Ein Zeichen wird gesetzt, das besagt: die Verwirklichung des Neuen ist mit Wunderdingen verbunden – der blühende Garten aus dem Wüstensand. Wer jemals in Findhorn gewesen ist, kann sich davon überzeugen, daß nichts Paranormales im Findhorn-Garten ist. Zugegeben, an der Küste kann man über Sanddünen wandern, doch beim Wohnwagenpark ist die Erde durchaus nicht unfruchtbar. Große Felder um Findhorn werden von den Bauern der Umgebung landwirtschaftlich genutzt und der Gemüseanbau unterscheidet sich in den Resultaten nicht von dem der Kommune. Was damals geschah, als sich die kleine Gruppe entschloß, auf dem unwirtlichen Flecken zu siedeln, stand unter dem Zeichen des „Übernatürlichen“, weil Botschaften „gechannelt“ wurden. Kein Zweifel besteht daran, daß diese Botschaften – abgesehen von ihrem tiefen spirituellen Gehalt bei Eileen Caddy – auch spätere Entwicklungen vorwegnahmen. Aber der ganze Schwall von Naturgeistern, der durch den Okkultismus Dorothy MacLeans hinzukam, war aufgesetzte magische Romantik. Freilich paßte er ins Gesamtbild der „geführten“ Aussteiger, die in dem Gefühl lebten, an einem außergewöhnlichen und in gewisser Weise sakralen Geschehen Anteil zu haben. Dieser Mechanismus kann in der Tat verallgemeinert werden. Mit dem Gefühl, aktiv an der globalen Transformation teilzuhaben, stellt sich gern das Empfinden ein, eine heillos säkularisierte Welt zu „resakralisieren“[36]. Durch den Rekurs auf die Hilfe von Naturgeistern wird die gewöhnliche Tätigkeit wohl schwerlich zu sakralisieren sein. Bestenfalls wird sie zu einer geheimnisvollen gemacht, die sich durch numinose Bande zum Gesamt des Geschehens auszeichnet. Die Arbeit am ursprünglichen Garten war von einer Vision getragen, und die Kleingruppe brachte eine Menge Zeit mit. Diese wurde zum größten Teil in die Pflege des Gartens gesteckt. Kein Wunder, daß die Resultate üppig ausfielen.

Es läßt sich daraus lernen, daß der Glaube an eine Vision und das Sich-in-den-Dienst-der-Vision-Stellen zu hervorragenden Resultaten führt. In den Unternehmen, den Dinosauriern der „Old-Age"-Werte und -Weltanschauungen, hat sich diese Einsicht schon durchgesetzt. Nicht die Strategie und Strukturpläne machen den Erfolg eines Unernehmens aus, sondern die Fähigkeit, eine Vision voranzustellen. Die Vision ist freilich nicht ein einfaches Ziel im Sinne von Umsatzzahlen oder Produktionsmengen, sie ist vielmehr Konglomerat eines utopisch gefärbten Endzustands, in dem jeder Mitspieler an der Vision vollgültig teilhat. Die Vision muß deshalb auch Selbstverwirklichungsbedürfnisse, kreative Teilhabe des Individuums mit einbeziehen. Clevere Unternehmensberater, wie der Herausgeber der Zeitschrift „Radar für Trends", Gerd Gerken[37], verkaufen deshalb keine Unternehmensstrategien mehr, sondern Visionen. Sie bringen dem Top-Management bei, wie die sich wandelnden Interessen der Menschen in einer einheitlichen „Unternehmens-Vision" zusammengefaßt werden können, um Motivation und Erfolg zu garantieren. Der neue Manager hat sich gewandelt, aber nicht im Sinne einer Transformation. Er hat sich lediglich den veränderten Gegebenheiten angepaßt. Indem er die Vision zur Unternehmensmaxime erhebt, sichert er sich einen Vorsprung gegenüber der Konkurrenz, verbessert durch geschicktere Motivationsunterstützung den Gewinn. Zu Recht wendet sich der ehemalige Management-Berater Hans Pestalozzi mit Vehemenz gegen die naive Vorstellung, daß Manager mit neuem Bewußtsein eine globale Transformation hervorrufen würden[38]. Pestalozzi hält eine solche Einstellung für ausgesprochen kurzsichtig. Der Manager mit neuem Bewußtsein ist eine Unmöglichkeit, weil das Neue Bewußtsein einen Manager im herkömmlichen Sinn gar nicht zuläßt. Die Verwirklichung des Neuen hieße die Idee von Managern mit ihrer Machtkonzentration, dem Konkurrenzdenken, dem Prinzip „Erfolg durch Gewinnsteigerung“ u. ä. m. zum Verschwinden bringen.

Es verbirgt sich eine große Gefahr darin, das Auftauchen von Ideen, die dem Neuen Denken nahestehen, mit dem Neuen Denken zu verwechseln. Ich habe oben dargestellt, in welchem Zusammenhang die personale Transformation zum individuellen Handeln und den Werthaltungen steht. Im transformierten Bewußtsein haben die gesellschaftlichen Spiele, bei denen es immer einen Gewinner und einen Verlierer gibt, keinen Platz. Sie werden von Prozessen abgelöst, bei denen es nur noch Gewinner gibt. Diese Vorstellung steht der klassischen Form von Wirtschaftsunternehmen konträr entgegen. Sie sind beherrscht vom Konkurrenz*kampf* (getarnt als die Segnung der freien Marktwirtschaft), der die verschiedensten Formen annehmen kann, von der *Eroberung* einer führenden Marktposition, bis zum gnadenlosen Preisdruck, um die Mitanbieter aus dem Feld zu *schlagen.* Bislang schluckten die Großbetriebe die kleineren, die sich hartnäckig widersetzten, mittlerweile *attackieren* auch die Kleinbetriebe oder das eigene Management mit Hilfe von Riesenkrediten durch sogenannte „leveraged buyouts“[39] enorme Industriekonglomerate. In dieser Welt des persönlichen, beziehungsweise auf den Betrieb beschränkten Erfolgshorizonts hat das Neue Denken nur in Form von Motivationsstrategien oder als neue Marktlücke eine Chance. Darum machen die Unternehmensberater, die mit rationalen Modellen, Visionen und Neues Denken in die Chefetagen tragen, gemessen am wahrhaft transformierten Bewußtsein eine so lächerliche Figur. Ich bezweifle nicht, daß bestimmte Berater vom Geist das New Age erfaßt sind, aber das heißt noch lange nicht, daß sie vom *Geist* erfaßt sind.

Als Beispiel nehme ich Rudolf Mann, der bezeichnenderweise als Fachmann für „Gewinnsteuerungssysteme“[40] gilt. Er will das Neue Denken in die Wirtschaft bringen zur „Sicherung von Gewinn und Lebensfähigkeit“, wie der Untertitel seines Buches lautet. Schon daran (Sicherung von Gewinn) erkennt man, daß er nicht wahrhaft das Neue Denken im Auge hat. Er empfiehlt den Unternehmen genau ihre Wünsche zu formulieren und daraus eine Vision zu basteln. Das Umsetzen der Vision stellt er sich wie eine „Geistheilung“[41] vor. Das Unternehmen, das an seinen Problemen krankt und alle herkömmlichen Methoden versucht hat, sich ihrer zu entledigen, sieht nur noch eine Chance in einem „mentalen Heilungsprozeß“. In diesem soll die Belegschaft harmonisiert werden durch gemeinsam formulierte Wünsche, positive Vorstellungen und kreative Beiträge, um die „Energien wirken zu lassen“[42]. Sodann fährt Mann fort, seine Vorstellung von dem, was er unter „Energien“ versteht, klar zu machen. Er kommt zu okkulten Quasi-Einsichten, die in peinlicher Weise an kalifornischen Hippie-Jargon der 60er Jahre erinnern: „Die geistige Energie lenkt die Steuerungsenergie, und die Steuerungsenergie bestimmt die Handlungsenergie. Die Energieformen unterscheiden sich durch ihre Schwingungsfrequenz. Je höher die Frequenz einer Energie ist, desto stärker ist ihr Wirkungsgrad“[43]. Diese Energiehierarchie sieht er von zwei weiteren Energien überlagert: Konstruktive, positive Energien und gebende, altruistische Energien seien stärker als negative, zerstörerische und nehmende, egoistische. Diese ganze schwammige Energie-Philosophie steht in entscheidendem Gegensatz zu einer Realität, die von Neid, Habgier, Konkurrenz, Narzißmus und Eigensinn geprägt ist. Wie kommt es, daß diese wunderbaren positiven Energien sich nicht durchgesetzt haben, wenn sie doch auf ganzer Linie die „stärkeren“ sind? Die Antwort ist ganz einfach: die angeblich hehren Energieformen, die Mann im Visier hat, sind gar keine. Seine „positiven Energien“ will er gebündelt sehen, um „Potentiale“ entstehen zu lassen, die „*Gewinnchancen* für die Zukunft"[44] sein sollen. Er schreckt auch nicht davor zurück, die Liebe mit ins Spiel zu bringen, die er als „höchste Form menschlicher Energie"[45] bezeichnet. Damit wird die Qualität Liebe zu einem quantitativen Aspekt seines hierarchischen Energiesystems. Und wozu er dann diese Liebe samt den visionär gebündelten Energien einsetzen will, macht er unzweideutig klar: zum Abschöpfen von Gewinn, das er mit Eigenliebe in Verbindung bringt, und zum Erzeugen von Nutzen, das er als „Liebe zum Nächsten, zum *Kunden*" bezeichnet. „Wenn Eigen- und Fremdliebe, wenn Geben und Nehmen ausgeglichen sind, lebt ein Unternehmen in Harmonie."[46] Doch das Geben, die Liebe zum Nächsten, ist für Mann ganz eindeutig die Liebe zum *Kunden*, zum potentiellen Käufer. Er wird „geliebt" (umworben und gehätschelt müßte man wohl richtiger sagen), weil durch sein Konsuminteresse das Kartenhaus des Unternehmens steht oder fällt. Er wird „geliebt", weil seine rückwirkende Sympathie das Abschöpfen von Gewinn, also die Eigenliebe, garantiert! Bezeichnenderweise zitiert Mann hierzu (unter Entschuldigungen) die Bibel: „Du sollst den Nächsten lieben wie dich selbst." Er hätte besser daran getan, über das „Liebet eure Feinde" nachzudenken. Dann wäre rasch offenbar geworden, welch furchtbarer Alptraum mit dem völlig uninspirierten Umgang mit Gemeinplätzen des Neuen Denkens heraufbeschworen wird. Warum hört die „Liebe" beim Konkurrenzunternehmen auf? Wie kann man das zu verkaufende Produkt „lieben" (was immer der Liebe zum Kunden vorausgehen muß[47]), wenn es ein Maschinengewehr ist und den Kunden, wenn er ein armer Kerl ist, der damit andere Menschen totschießen soll? Wie soll man ein Produkt lieben, von dem man weiß, daß es im Grunde keiner braucht, für das aber durch Werbung künstlicher Bedarf erzeugt wurde? Wie kann man ein Produkt lieben, das die Luft verpestet oder bei dessen Herstellung der Abfall die Umwelt zerstört? Wie kann man seinen Kunden lieben, wenn man weiß, daß man ihn und sich selbst betrügt?

Man kann es nur, wenn man all das *nicht* weiß, wenn man die Zusammenhänge, die den Horizont des eigenen Vorteils überschreiten, nicht sieht oder nicht sehen will: Das Neue Denken im Dienste der Globalanästhesie.

Das Beispiel zeigt, daß die Umsetzung von einer Ebene auf die andere problematisch ist. Die Vision der Kommunen-Gründer von Findhorn wächst auf völlig anderen Voraussetzungen als die Fiktion von den erleuchteten Managern. Das bedeutet zugleich, daß New-Age-Denken zwar auch hinter dem Fließband und auf dem Chef-Sessel möglich und vielleicht sogar wünschenswert ist. Aber man darf nicht erwarten, dort die gleichen Ergebnisse zu sehen, wie bei einer vom Punkt Null völlig im Geiste des Neuen Zeitalters entstandenen Lebensgemeinschaft[48].

Der Fall Findhorn und Findhorns Fall

Auch in Findhorn bildeten sich Kräfte und Muster heraus, die, sofern sie für die angestrebte Globalisierung des transformierten Bewußtseins von Belang sind, genauer unter die Lupe genommen werden müssen. Die Struktur der Findhorn-Gemeinschaft entwickelte sich organisch, wobei zunächst die geistige Autorität von Eileen Caddy unangetastet blieb. Als dann ein buntes Sammelsurium an Menschen und Ideen entstand, bildete sich ein Netzwerk aus dezentralisierten Einheiten. Das Schlagwort der „Dezentralisierung" spielt im New-Age-Gedanken die Rolle einer gewissen Kontrollinstanz, um dem Problem der Machtkonzentration zu entgehen, die in zentralistischen Systemen als gegeben angesehen wird. Nun ist die Dezentralisierung in Politik und Wirtschaft keineswegs neu oder dem New Age zuzurechnen. Wir leben bereits in einer „neofeudalen Gesellschaft"[49], in der große Konzerne ihre Unterimperien gebildet haben, mit eigenen Telefonnetzen und privaten Hochschulen, an denen die für das Unternehmen wichtigen Resultate gewonnen werden sollen. Politische Institutionen gewinnen mehr und mehr Freiraum von der zentralen Instanz. (Man denke etwa an die fast gänzliche Unabhängigkeit der Politik des FBI oder des Pentagon vom Weißen Haus.) Unterstützt wird diese Tendenz durch die komplexer werdenden Zusammenhänge zwischen Politik, Wirtschaft, Privatwirtschaft und Wissenschaft.

Auf dem Hintergrund des Wandels vom Industrie- zum Informationszeitalter mit dem rapiden Anstieg in Telekommunikation und Computerindustrie findet eine Globalisierung der Probleme und eine Demokratisierung von Information statt. Information ist global und „ideologisch blind". (Deshalb halten totalitäre Staaten den Gebrauch von Computern für ihre Bürger zurück.) Die Macht, die im Informationszeitalter bei dem Besitzer der Information ist, verteilt sich und gelangt auf diese Weise unter eine Art „organischer Demokratisierung". Hierarchien beginnen sich zu relativieren. Zumindest als Hierarchien von Systemen bleiben sie erhalten.

So versteht sich das New-Age-Netzwerk mit seinen frei fließenden Zentren als „basisdemokratisch" im Sinne eines „Stammes" oder einer „Sippe"[50]. Aus der ursprünglichen Struktur in Findhorn entwickelte sich folgerichtig durch Vernetzung und Dezentralisierung die Demokratisierung der Information und der geistigen Autorität. Jeder konnte selbst sein intimes Gespräch mit den Naturgeistern führen und wurde dazu von der Gruppe ermuntert. Als Folge trat aber eine Relativierung in der Qualität der „übersinnlichen" Kontakte zutage, die zu einem Verfall der Unterscheidungsfähigkeit zwischen geistig hochstehenden „Eingebungen" und einem trivialen Okkultsumpf führten. Eileen Caddy bezeichnete diese Zeit euphemistisch als „Pubertätsphase". Ich meine, daß mit dieser Entwicklung ein Wendepunkt erreicht war, der von der ursprünglichen Vision und der Reinheit der Utopie wegführte. Findhorn wurde zum Sammelbecken eines postmodernen Pluralismus. Der typische magisch-mythische

New-Age-Pluralismus mit narzißtischem Unterton, den ich bereits dargestellt habe. Wenn die Kräfte des „Alles ist möglich“ und ein demokratisches Mitspracherecht den geistigen Raum erfassen, vertreiben sie den Geist.

Die demokratische Idee entstammt dem Gedanken der Freiheit und Gleichheit und der Utopie einer vollkommenen Machtdispersion. Sie hat in politischen Systemen, wie wir sie heute verstehen, ihre Berechtigung. Doch sobald wir die horizontale Ebene verlassen und von unserer vertikalen Ausrichtung zum Geist denken, macht Demokratie als Selbstregierung des Volkes keinen Sinn. Ich will dabei nicht im einzelnen auf die Argumente eingehen, die Guénon gegen sie vorbringt[51]. Seine zentralen Thesen sind, daß sich das Volk einen Lenker erwählt, aber darin keineswegs „frei“, sondern in seiner Meinung beeinflußt ist („Meinungs-Macher“). Zum anderen spiegelt die Meinung der Mehrheit nur mangelnde Sachkenntnis und muß, soll die Demokratie nicht in Chaos ausarten, entweder durch massenpsychologische Tricks gesteuert, oder von oben diktiert werden. Beides steht im Widerspruch zur demokratischen Idee. Die Vorstellung einer wirklichen Demokratie ist das Produkt eines jugendlich-aufgeklärten Enthusiasmus, der weltliche Macht gemeinsam mit geistiger Größe verdammt.

Wirkliche geistige Hierarchien zu leugnen hieße sich der Realität abwenden. Ich meine damit nicht wissenschaftlich-elitäre Hierarchien, sondern die natürliche Autorität eines Menschen von „Rang“ (Dürckheim). In praktizierten New-Age-Gemeinden kommt der Konflikt zwischen basisdemokratischer Gesinnung und der Suche nach geistiger Autorität offen zum Tragen. Das Problem, das sich dabei stellt, beruht auf einem Grundpfeiler persönlicher Transformation: das transformierte Bewußtsein setzt Vertrauen auf die eigene geistige Autorität voraus und offenbart sich eben durch die Rangerhöhung des Individuums. Wo keine Transformation stattfindet, bleibt die Angst vor der Autorität ebenso bestehen wie ihr Gegenteil, der Wunsch, sich einer Autorität unterzuordnen. In Findhorn materialisiert sich dieser Konflikt durch den Wandel des Autoritätskonzepts. War dieses anfänglich noch vollkommen in Ausrichtung auf Eileen Caddy zu sehen, wurde es durch die Selbstorganisationsmechanismen (die sowohl soziologisch wie psychologisch zu sehen sind) zu einem kybernetisch verstandenen. Die Personen mit den meisten „Informationsdurchgängen", die „Energiezentren" werden zu Fokalisierern und gewissermaßen zu „Unterautoritäten". Zweierlei ist dadurch geschehen: einerseits verliert die geistige Autorität ihre Bedeutung durch die Vervielfachung, andererseits entstehen neue Autoritäten, die diesen Namen nur bedingt verdienen; denn letztere sind sozusagen Produkte der Systemeigenschaften des Gesamtkorpus, Ergebnisse der Interaktionen der Teile untereinander. Mithin entstehen die „Unterautoritäten" auf horizontaler, materieller Basis, was niemals ein Ersatz für geistigen Rang sein kann. Vielmehr handelt es sich um Organisationsknoten, denen Autorität in quasi-demokratischer Weise zugesprochen wird.

Freilich kennt der äußere Pluralismus seine innere Entsprechung. Der postmoderne Eklektizismus ohne Bezug zur Tiefe und die Computerkultur mit ihrer erbarmungslosen Quantifizierung von Informationen, die in immer größeren Speichern ohne erkennbare Unterschiede ein „demokratisches" Nebeneinander fristen, mögen Bilder für den innerseelischen Zustand abgeben. Das Nebeneinander von Wissen, Gefühlen, Erinnerungen, Phantasien wird zum großen Psycho-Spiel verknüpft. Der Würfel entscheidet, ob der nächste Zug von einer Psycho-Technik oder einer okkulten Praktik vollführt wird. Wichtig ist, daß die Seele in Bewegung, im „Fluß" bleibt, wie das ganze mobile Leben. Vor schier unüberschaubarer horizontaler psychischer Beschäftigung geht das Bewußtsein dafür verloren, daß der Bezug zur Tiefe und zur Höhe fehlt. In der bodenlosen inneren Welt meldet sich die Suche nach dem Größeren in sich selbst, nach eigener spiritueller Autorität als Projektion nach außen.

Das Verwerfen jeglicher geistigen Autorität „die aus der übermenschlichen Ordnung entspringt“[52] ist eine wesentliche Folge des wissenschaftlich-neuzeitlichen Denkens. Parallel dazu verlor der westliche Mensch das Vertrauen in seine eigene „übermenschliche“ Ordnung, und zwar in dem Maße, in dem er sein Vertrauen mehr und mehr in die raum-zeitliche materielle Ordnung verlagerte. Natürlich war die innere Autorität dadurch nicht wirklich verloren, sondern verschüttet. In den Durchbrüchen des unterirdischen utopischen Drangs erscheint sie wieder in der Welt. Die Unfähigkeit, sie in einfacher Weise wiederzugewinnen, hängt nicht zuletzt von Erziehung und Ausbildung ab, die dazu angetan sind, den Menschen von ihr fernzuhalten. Vehement wird die innere Autorität gefordert in dieser Zeit der vielen Wege. Ohne substantielle Grundlage für ein Unterscheidungsvermögen (das ein gewisses Maß an innerer Autorität voraussetzt) trifft die Projektion aus einer drängenden Seele wahllos „spirituelle“ Autoritäten. Es offenbart sich genuines Interesse, geistigen Rang anzuerkennen, was eine wesentliche und wahrhaft lehrreiche Bewußtseinsleistung ist. Das Problem bleibt die Suggestibilität des Suchenden und damit die Gefahr, dunklen Verführern wie Jim Jones[53] zu verfallen. Das Problem bleibt auch jener Zeitgeist der generellen Austauschbarkeit, der Quantität für Qualität nimmt. Der Suchende wünscht sich, einem „Meister“, einem „Lehrer“ unterordnen zu dürfen, gleich ob es sich dabei um einen Workshopleiter, einen selbsternannten Weisen oder einen Guru handelt. Am liebsten sind ihm ein Meister nach dem anderen, ein System oder ein spirituelles Konzept nach dem anderen. So begreift er sich „auf dem Weg“ zu sein. Dennoch verfolgt er ein mental-ichhaftes Streben durch die Vervielfachung der sukzessiven Lehrmeister, deren unübersehbare Gesamtzahl erst „den Weg“ ausmacht. Damit wird der Irrtum der großen Zahl perpetuiert, der treu dem postmodernen Schema folgt: Das erste Programm gefällt dir nicht? Steig um auf das zweite. Das gefällt dir auch nicht? Steig um auf Video! Dir gefällt deine gegenwärtige Beziehung nicht? Steig um, besorg dir eine andere. Steht die Ehe auf wackligen Beinen? Steig um! Der Unsinn des Lebens erschöpft sich in der Gesamtzahl der realisierten Möglichkeiten, das Leben nach den *eigenen* Wünschen und Bedürfnissen einzurichten. Bhagwan kann dir nicht mehr beibringen? Steig um auf Zen! Das Herumsitzen im Lotossitz wird dir zu langweilig? Steig um auf Bioenergetik! Die Ich-Generation will ihren Spaß, ihre Erfahrung sofort.

Die Vielfältigkeit reizvoller New-Age-Angebote unterstützt diese Einstellung. In Findhorn gilt das in konzentrierter Art und Weise. Mittlerweile gibt es aber schon zahlreiche New-Age-Messen und -Tagungen, bei denen man dem esoterischen Konsumverlangen nach Herzenslust nachgehen kann: Quarzkristalle zum Heilen, Pendel, Wünschelruten, für das Hervorrufen bestimmter Stimmungen die richtigen Musik-Kassetten, Subliminal-Kassetten mit positiven Suggestionen, die von Krankheiten befreien und das magische Herbeiwünschen von Reichtum versprechen, ein kurzes Gespräch mit einem durch ein Medium „gechannelten" Weisen mit wunderbarem exotischen Namen, Brillen zum Aurasehen, Bach-Blüten und die richtigen Aromastoffe zur Öffnung jedes gewünschten Chakras. Die Inventar-Liste ist unübersehbar lang geworden. Auch die „Meister" werden konsumiert. Zu Hause erinnert ein wenig heilige Asche an Sai Baba, ein vergilbtes Foto auf dem New-Age-Hausaltar an Muktananda, ein Buch an den Besuch in Findhorn, das Federbüschel an den Workshop mit einem angeblichen Schamanen. Auf alle Fälle ist man auf dem Weg, eifrig und ohne Unterlaß.

Nicht selten bleibt der Suchende einmal längere Zeit bei der erwählten Autorität. Unter Umständen weiß er überhaupt nicht, was mit ihm geschieht. Er versteht nichts und glaubt alles begriffen zu haben[54]. Wenn er Pech hat, gerät er in die Hände skrupelloser, machtgieriger Schattenfiguren des endenden Fische-Äons. (Er wird das freilich nicht so interpretieren, sondern als karmische Notwendigkeit.) Doch das Spiel mit Bewußtseinszuständen mag auch unter der Anleitung wahrer Menschen von hohem geistigem Rang nichts als Verwirrung zurücklassen. Die plötzliche Eröffnung transpersonaler Erfahrungsräume kann den in der Tiefe unverwurzelten Menschen in arge Bedrängnis bringen. Die Flut archetypischer und unbewußter Inhalte kann vom Bewußtsein nicht mehr ferngehalten werden. Die Folge ist eine tiefgreifende seelische Störung. Dafür hat sich das Netzwerk schon etwas ausgedacht: „Spiritual emergency groups" (Gruppen für spirituelle Notfälle) sind ins Leben gerufen worden, um dem bei Bewußtseinsabenteuern gestrauchelten Geist des postmodernen Suchenden nach Zusammenbrüchen und Verzweiflungen wieder ins Lot zu helfen. Für viele sind die Notfallstationen mit erfahrenen Therapeuten eine wirklich hilfreiche Klinik für den Geist. Die Uneinsichtigen werden nur gestärkt den Weg einer vom New Age sanktionierten Selbstzerstörung weitergehen. Da es in der New-Age-Philosophie keinen verbindlichen Halt gibt, außer dem, der aus der Urerfahrung des „doppelten Ursprungs" (Dürckheim) als materielles *und* geistiges Wesen im Menschen selbst entspringt, ist die Gefahr des Sich-Verlierens in gemeinsam geteilten Erlebnissen groß. Die Gruppe, in der erst die Einzelerfahrungen vergleichbar werden, gibt Halt und bestärkt.

Auf diese Weise wucherte der Findhorn-Korpus auffallend rasch. Hier kann man frei seinen Erfahrungsschatz mitbringen und die Sammlung an Weisheiten seiner Meister. Man kann sich auch getrost in die Energieflüsse des Gesamtsystems einschwingen, ohne zu bemerken, daß sich längst wieder Hierarchien gebildet haben, von denen man sich frei wähnte. Es gibt eine unausgesprochene Ordnungshierarchie in Findhorn, die von ehernen Gesetzen bestimmt ist. Da sind einmal die Unantastbaren – die ältesten Mitglieder, die von allen Gemeinschaftspflichten entbunden sind. Dann finden wir die Gruppe der Findhorn Vollmitglieder (heute etwa 200). Diese achten strikt auf ihren Sonderstatus gegenüber dem Ansturm an Gästen und potentiellen neuen Mitgliedern. Denn so einfach ist das nicht mit der Mitgliedschaft. Da müssen Initiationsrituale bestanden werden, wie überall, wenn man auf die sozial höhere Stufe kommen will. Wie in einem Kloster kann der begeisterte Neo-Findhornianer nicht gleich die ewigen Gelübde ablegen: wird er von den Mitgliedern akzeptiert, dann darf er zunächst einmal Mitglied auf Probe werden. In der klassenlosen Gesellschaft der 2. Art sind auch Mahlzeiten und bestimmte soziale Ereignisse zwischen Vollmitgliedern und Besuchern getrennte Angelegenheiten. Freilich ist eine solche Vorgehensweise sinnvoll, will man nicht in einem Vereinschaos die Übersicht und die Vision aus den Augen verlieren. Zugleich macht sie aber deutlich, daß die Verabschiedung der alten Modelle und Strukturen, die mit dem bösen, materialistischen, dualistischen, krisenproduzierenden Denken identifiziert werden, nicht so einfach ist, wie es sich die Optimisten vorstellen. Du magst keine Hierarchie? Steig um in die hierarchiefreie Gesellschaft der Zukunft! Man kann nicht einfach einen Schalter betätigen und Jahrtausende der Geschichte der Hierarchisierung innerhalb unserer Gattung vergessen. Aber man kann beginnen, wachsam zu werden für die „natürlichen“ Hierarchien, die ihren Ausdruck in Menschen von geistigem Rang finden. Wenngleich wahre geistige Autoritäten in den gegenwärtigen politischen und wirtschaftlichen Systemen kaum gehört werden, ist der Aufbruch zur Anerkennung geistiger Autorität ein Schritt zu dem, was ein neues Zeitalter einmal wirklich sein könnte.

Kommen wir zu den letzten Entwicklungen in Findhorn. Nachdem sich eine Gesellschaft ausgebildet hat, die Heimat bieten konnte für jene, die in der Welt von Konkurrenz und Umweltzerstörung verloren waren, begannen sich Gruppen herauszukristallisieren, die eine gemeinsame Aufgabe erfüllen. Einige dieser Gruppen wurden in ihrer Arbeit sehr erfolgreich, gründeten Unternehmen und begannen auch außerhalb der Findhorn-Gemeinschaft Aktivitäten zu entfalten. Für die Findhorn-Mitglieder bedeutet dies nur einen weiteren Schritt zur angestrebten Globalisierung ihrer Ideen: wie Besucher aus aller Welt nach Findhorn kommen, internationale Konferenzen abgehalten werden, so gehen die Findhorn-Unternehmer in die Welt. Die Frage ist nur, was unterscheidet den Findhorn-Unternehmer von den anderen? Interessanterweise fast gar nichts. Man hat es wohl mit aufgeschlossenen, liebenswürdigen und altruistischen Menschen zu tun, die nicht jeden Auftrag um „jeden Preis" an sich ziehen wollen. Doch sie agieren in der Welt der Marktwirtschaft nach deren Gesetzen. Dementsprechend gliedern sie sich aus der Mustergemeinschaft Findhorn aus. Die Unternehmer sind keine Vollmitglieder mehr, sie leben lediglich in der Findhorn-Gemeinde und unterstützen ihre Arbeit. Die Anforderung nachunternehmerischer Geschlossenheit und der geschäftliche Erfolg bleiben auf die Kleingruppe „Firma" beschränkt. Die Firma arbeitet nicht „holistisch" für das Wohl der New-Age-Gemeinschaft, sondern für ihr eigenes, das sich innerhalb der Gemeinschaft ereignet. So hat die unternehmerische Sicht die Gesamtgemeinde erfaßt. Die Kleingruppen mit ihren Fokalisierern wachsen zu Firmen aus, die Großgruppe ist selbst ein Unternehmen für alternative Seminarveranstaltungen geworden, mit dem dazugehörigen organisatorischen Apparat.

Der ungewöhnliche Geist, der in den Findhorn-Unternehmen zu spüren ist, spiegelt die Integration von verantwortungsvollem ökologischem Denken, menschliche Offenheit und die Bedeutung spiritueller Ausrichtung im Leben wider. Als solche können die Findhorn-Firmen sicherlich als Modelle dienen für eine mögliche allgemeine

Entwicklung. Aber keineswegs hat sich in dem nordschottischen Zentrum das institutionalisiert, was man umfänglich als einen New-Age-Nucleus bezeichnen könnte. In seiner Entwicklung ist Findhorn von der radikalen Utopie der Sakralisierung des Alltags zum Wohl der Menschen und der gesamten Natur zu einer Kommune des Miteinander-Lebens geworden. Auf die Kontakte mit Naturgeistern gibt heute kaum noch jemand etwas, sie sind zu einer historischen Episode verblaßt[55]. Eileen Caddy und ihre Vision vom „Zentrum des Lichts" gehört mittlerweise zum Mythos der Institution. Vielleicht sollte man begrüßen, daß Findhorn „auf den Boden gekommen ist" und nicht das völlig Neue repräsentiert. Es hat damit den Mythos zerstört, daß die Ankunft des neuen Zeitalters pünktlich der astrologischen Berechnung folgt. Du magst die gegenwärtige Wirklichkeit nicht? Steig um! New Age! Der Narzißmus mit planetarem Anspruch will die Verwirklichung des Neuen hier und sofort. Narziß will *selbst* die Segnungen des Goldenen Zeitalters erfahren, nicht bloße Basisarbeit leisten für zukünftige Generationen, denen er sich nicht verpflichtet fühlt.

Abschied von der Erde: Die Inseln der Seligen liegen im All

Nachdem Findhorn seinen Fall erlebt hatte, mithin nicht mehr das paradiesische Glücksland sein konnte, zogen die enttäuschten Utopisten von neuem aus. Vielleicht, so murmelt es im Innern ihrer Seelen, gibt es da draußen irgendwo unser angestammtes, unser gelobtes Land. Und so wandern sie los, um den Zustand natürlich vorhanden zu finden, den sie selbst nicht verwirklichen konnten. Der Sonnentourismus ist die dekadenteste übergebliebene Form der einstigen Pilgerfahrt. Letztere wiederum ist ein institutionalisierter Rest der großen Reise zu einem heiligen Flecken Erde. Die Tupi-Guarani im brasilianisch-paraguayanischen Grenzgebiet sind seit Jahrtausenden auf der Wanderschaft nach Osten. Dort liegt, so weiß ihre Überlieferung *yvy marä ey* – das Land ohne Übel[56]. Jeder Dualismus, der das irdische Leben zu einem Leiden macht, hört dort auf zu sein. Die Ganzheit, die im Land ohne Übel noch intakt ist, kennt die Unterschiede nicht. Im sechsten Jahrhundert brachen die See-Eremiten auf, um in der Einsamkeit der Inseln ein beschauliches Dasein zu leben. Die Suche nach der Insel der Seligen, die bereits in der Antike mit Jambulos „Sonneninsel" anhob, wurde zur Sehnsucht „nach dem goldenen Irgendwo einer nicht in den Sündenfall hineingerissenen Enklave Glück"[57]. Die Geschichte von der Meerfahrt St. Brendans ist der bekannteste Ausdruck dieser Utopie. Auf der Suche nach dem „Gelobten Land der Heiligen" stößt Brendan weit draußen auf dem Atlantik nach und nach auf geheimnisvolle Inseln. Die eine entpuppt sich als der Rücken eines Wals, auf der anderen trifft er einen Eremiten, der den Weg zum Eiland der Verheißung kennt, die Insel des Weines schließlich deutet darauf hin, daß die Paradiesesinsel nicht mehr fern sein kann. Auf der Wein-Insel der Fülle verbringen die Seefahrer vierzig Tage, bis sie weiterfahren und die Insel des irdischen Paradieses entdecken.

Nachdem Findhorn, trotz des Wundergartens, kein paradiesisches Zuhause blieb, ziehen die Mitglieder von dort aus auf die Insel Erraid, wo die Naturidylle noch bewahrt ist. Wie lange, fragt man sich, kann sich die Utopie dort gegen ihre Vertreibung durch die Realität wehren? Jene Utopie vom glücklichen Gemeinschaftsleben im Schoß der Natur, wie sie noch in unserem Jahrhundert etwa in der Ethnographie Margaret Meads zum Ausdruck kam[58] und mit dem Vertrauen in die von Wunschdenken gelenkten Feldforschungen[59] und der nachfolgenden Ernüchterung dahinschwand. Die neuen Findhorn-Utopisten sind Romantiker auf der Suche nach der unberührten Idylle als ganzheitlichen Lebensraum für den Menschen. Dabei lehrt uns die Realität, daß die noch intakten Naturzonen zum Leben nicht taugen: unfruchtbare Wüsten, undurchdringlicher Regenwald, arktisches Eis. Wo die Natur dem Menschen Heimat bieten könnte, haben die Menschen Zäune um sie errichtet, einen Guckkasten daraus gemacht und Nationalpark genannt. Auf diese Weise bleibt die Erinnerung an das mögliche, aber für immer verlorene Paradies vor Augen.

Das New Age kennt auch eine Utopie, die sich bereits vollständig von der Erde verabschiedet hat. Der gefallene Planet war in dieser Utopie vom Anbeginn dem Untergang geweiht, doch glücklicherweise nur eine Zwischenstation für den Menschen. Es galt hier zu erlernen, wie man das Leben unter Kontrolle bringen kann, um durch die ewige Verlängerung desselben den Göttern ähnlich zu werden[60]. Diese New-Age-Seitenlinie ist von den Entwicklungen in der Computerindustrie und Gentechnik begeistert[61], verkündet nicht mehr das New Age, sondern das „Light Age“ (Zeitalter des Lichts)[62] – eine Vervollständigung und Richtigstellung der gescheiterten Aufklärung sozusagen erwartet bereits für 1990 die Besiegung von Krankheit und Tod[63], betrachtet spirituelle Disziplinen wie die gezielte Anwendung von Drogen als Einübung bewußtseinsverändernder Maßnahmen[64], die uns (beziehungsweise die „erwachte“ Elite) darauf vorbereiten sollen, den Sprung ins All zu wagen[65], um als Raumschiffgötter für ewige Zeiten die fernsten Galaxien des Kosmos zu besuchen und zu befruchten, wie es vom Anbeginn in unserem neurogenetischen Skript vorprogrammiert war[66]. Die Gottwerdung des Menschen sei im Programm des Lebens enthalten. Sobald wir das erkennen, was somit gegenwärtig der Fall sei, müssen wir die Erfüllung der Evolution selbst in die Hand, genauer ins Bewußtsein nehmen[67]. Den Planeten Erde haben wir auf diesem Weg verbraucht, und damit jede auf ihm mögliche „Enklave Glück“. Aber draußen, in den unendlichen Weiten des Raumes gibt es jede Menge unberührter „Inseln der Seligen“. Was sie dort anstellen wollen, verschweigen die

New-Age-Phantasten, aber in ihrem ewigen Leben bleibt ihnen sicher genug Zeit darüber nachzudenken. Die große Utopie hat sich ins diesseitig Unendliche verloren. In einen grenzenlosen Zentrifugalraum, der die letzte Konsequenz eines Bewußtseins darstellt, das sich der inneren Transzendenz verschlossen hat, doch beseelt ist von der Sehnsucht nach Heimkehr zum absoluten Geist.

Die Blüten des New Age sind Resultate des in Bewegung geratenen Bewußtseins – Blüten der Utopie und der Phantasie. Wer ihren betörenden Düften erliegt, lebt in einer Schein- und Wunschwelt, in einem privaten „Realitätstunnel"[68]. Wer sie als trunkene Bilder auf den Weg in eine unbekannte Zukunft nimmt, mag in ihrem utopischen Sog still für eine sich wandelnde Welt arbeiten, für die es morgen vielleicht schon zu spät ist.

III

New Age auf dem Prüfstand

Wunschzustand und Naivität

Eines der wichtigsten kontroversen Themen ist die Frage nach der Naivität der New-Age-Haltungen. Spiegeln die Ideen der New Ager und ihre Naherwartung einer verwandelten Welt eine gewisse Blindheit gegenüber den realen Gegebenheiten wider? Macht es sich das New Age zu einfach in der Folgerung, daß die Ganzheitsschau schon so gut wie die Heilung des Planeten bedeutet? Es gibt im New-Age-Schrifttum sehr viele enthusiastisch verkündete Vereinfachungen, die aus dem Geist der Hoffnung zu uns sprechen, aber dazu angetan sind, Kritik, nicht nur aus dem rationalistischen Lager, auf sich zu ziehen. Eine der hartnäckigsten naiven Vorstellungen ist die vom New Age, das unmittelbar vor der Türe steht. Trevelyan erwartet es am „Ende des zwanzigsten Jahrhunderts"[1], Capra sieht uns bereits „an der Schwelle zur nächsten großen Transformation"[2], für Muller ist die „Zeit der universellen Synthese"[3] schon angebrochen. Wer wörtlich dem Mythos vom Wassermann-Zeitalter vertraut, fühlt sich in der Gegenwart bestens aufgehoben. Mit einem Male werden alle Lektionen der Geschichte, auch der Bewußtseinsgeschichte, über Bord geworfen. Als ob auf Odysseus' Selbsterkenntnis gleich Descartes gefolgt wäre, oder auf Aristoteles Newton. Daß Wandlung seine Zeit braucht, ist dem naiven New Ager zwar geläufig, aber er tendiert dazu, es zu leugnen. Entweder versucht er die gesamte

Epoche neuzeitlicher Rationalität als ihre Krise und damit schon als die Zeit der Wandlung auszulegen, oder er flüchtet sich in eine pseudo-rationale Erklärung der rapide zunehmenden Wandlungsgeschwindigkeit. Wilson läßt sie sogar so rasch werden, daß wir bereits 1995 mit einer jährlichen globalen Umwälzung zu rechnen hätten[4]. Solches führt die Idee des New Age freilich *ad absurdum*, weil das Neue Zeitalter damit zu einer vernachlässigbaren Größe wird, die spätestens nach einem Jahr passé ist. Sollte es sich allerdings etwas später einstellen, dann wird uns wohl kaum noch Zeit bleiben, es wahrzunehmen bei dem kurzen Besuch. Es gibt noch eine dritte Variante, die das plötzliche Eintreten des Neuen Zeitalters wissenschaftlich zu erklären versucht. Thompson bezieht sich auf René Thoms Katastrophentheorie, um zu behaupten, daß beim „Übergang von einer Welt-Struktur zur anderen" ein „schnelles Umkippen oder eine Umkehrung eintreten (kann), die das Undenkbare möglich werden läßt"[5].

Das Wunschbild vom Neuen Zeitalter paart sich mit der dargestellten narzißtischen Gratifikationsforderung hier und jetzt. Die optimistischste Einschätzung sieht das New Age nicht als einen kommenden oder nur wünschenswerten Zustand, sondern vielmehr als bereits vorhanden an. Die Unausgewogenheit auf allen Ebenen wird gewissermaßen als besonders starke Fluktuation des Gesamtsystems betrachtet[6], die nicht mehr „geschluckt" werden kann, sondern eine neue Ordnung hervorbringen wird. Die Krise selbst ist das Anzeichen für die bereits wirkenden „Energien des New Age"[7]. Interessanterweise werden ein und dieselben Symptome von den zahlreich vorhandenen Apokalyptikern[8] für untrügliche Zeichen der nahenden Katastrophe gedeutet, die von einer Vielzahl von New Agern[9] als Ereignisse der Wandlung zum Goldenen Zeitalter ausgelegt werden. Die letztere Einschätzung der gegenwärtigen Situation wird unterstützt durch die weitgehend – bewußt oder unbewußt – akzeptierte Vorstellung, daß die Transformation als *notwendiges* Geschehen eintreten *muß*. Durch sie erfülle sich lediglich der evolutionäre Plan, der – im Verständnis der New Ager – mit dem heilsgeschichtlichen identisch ist.

Naiv sind diese Haltungen in verschiedenster Weise. Die intime Kenntnis des göttlichen Evolutionsplans setzt ein überragendes, Gott ebenbürtiges Bewußtsein voraus, das freilich keiner rationalen Begründung bedarf[10] und somit auch keiner rationalen Kritik zugänglich ist. Prophetismus mischt sich undifferenzierbar mit dem Fürwahrhalten von Wunschzuständen. Eine besondere Unterstützung findet diese Haltung durch die Therapie- und Selbsterfahrungskultur, in der die New Ager lernen, sich im Hier und Jetzt einzurichten[11]. Eine so erlebte „Identität mit sich selbst" in Gegenwärtigkeit verhilft auch der utopischen Vorstellung zu ihrer erfahrenen Verwirklichung. Denn die Erfahrung, im Hier und Jetzt seelisch „ganz" zu sein, intendiert in den sie ermöglichenden Therapien (oder spirituellen Praktiken) immer eine *göttliche* Ganzheit. So fällt Selbsterkenntnis und Welterkenntnis in eins zusammen, das Wissen um sich ist mit dem Wissen um Gottes Plan identisch. Man darf bei diesem „Hochmut esoterischer Innenschau, (der) oft haarscharf neben Irrtum und Ignoranz gelagert" ist[12] an die Vorwürfe der Kirchenväter gegenüber den Gnostikern erinnern: „Ihr verlegt das Heil eurer Seelen in euer Selbst und glaubet durch euer innerlich strebendes Bemühen Götter zu werden."[13] Der naive New Ager glaubt nicht einmal mehr, Gott zu *werden*, sondern Gott zu *sein*. Die Voraussetzung dieser Haltung und die Bedeutung ihrer innerseelischen Anwesenheit habe ich bereits dargestellt[14]. In ihrer einfachen Herstellung, die zum typisch (kalifornischen) Pop-Mystizismus leerer Erleuchtungsbekundungen führt („wir sind alle eins", „ich bin Gott", „ich erschaffe die Wirklichkeit") liegt die Wurzel der Naivität. Wer sich einmal zu diesen Überzeugungen durchgerungen hat, braucht auf die realen Verhältnisse nichts mehr zu geben.

Er *weiß* es besser und behauptet die Dinge zu sehen, wie sie *wirklich* sind.

Eine Folge der Naivität ist die unreflektierte Begrüßung des Neuen Menschen, der eine Neue Ordnung[15] hervorbringen wird. Die Schwierigkeiten entstehen, weil das Auftreten des Neuen Menschen mehr oder weniger über Nacht erwartet wird. Dieser Neue Mensch trägt die Züge eines Übermenschen[16]. Von ihm wird die „Lösung aller Weltprobleme"[17] erwartet, eine Leistung, zu der die klügsten Köpfe in Philosophie und Politik nicht einmal in vergleichbar beschränktem nationalen Rahmen fähig waren. Daß mit Optimismus auf diese Erwartung verwiesen werden kann, hängt eben mit der untrennbaren Verknüpfung von geistigem und weltlichem Durchblick zusammen. In diesem definiert sich im Falle der naiven New-Age-Haltungen die Transformation. Der Neue Mensch, wird implizit vorausgesetzt, hat mit der beschränkten Art, auf Probleme lediglich reagieren zu können, nichts zu tun. Er erfaßt die Ganzheit in übergeordneter Weise und *weiß* dadurch immer, was zu tun ist, um Erde und Gesellschaft zu heilen.

Die notwendige Verwandlung zur Neuen Welt wird vom Neuen Menschen durch seine Einsicht in die subtilen Zusammenhänge zwischen Denken und Wirklichkeit beschleunigt. Der Neue Mensch ist davon überzeugt, daß positive Gedanken einen direkten Einfluß auf äußere Ereignisse haben. Diese Vorstellung meint nicht, daß positive Einstellungen positive Taten des Menschen folgen lassen und damit eine psychologisch motivierte Überwindung von Egoismus und Konkurrenzdenken entsteht. Sie geht entschieden darüber hinaus: positive Gedanken allein genügen. Positive Gedanken manifestieren sich, indem sie magisch Entsprechungen in positiven Ereignissen finden. Es handelt sich dabei um die sanfte Variante von extremen Willensutopien, wie sie sich etwa in der Yoga-Technik vollkommener geistiger Beherrschung niedergeschlagen haben. Die Betonung des Willens zur Erreichung eines Ziels hat auch im psycho-therapeutischen Gebrauch eine starke negative Einschätzung erfahren. Seit der Paarung von Willen und Macht mit den erschrekkenden massenpsychologischen Erfolgen in Faschismus und Bolschewismus, die im übrigen ebenso im Zeichen der Schaffung eines Neuen Menschen und einer Neuen Ordnung standen, haben psychologische Persönlichkeitstheorien die Bedeutung des Willens heruntergespielt. Durch die Öffnung zu östlichen spirituellen Disziplinen ist der Wille durch die Hintertür wieder in die Psychotherapie zurückgekommen. Die östlichen spirituellen Praktiken setzen für die Erreichung ihrer Ziele vollkommen auf Wille und Disziplin. Mit Willen ist alles zu gewinnen, ohne ihn nichts. Auf diese Weise kehrten Techniken der Willensschulung zurück, wie sie schon vor hundert Jahren von Prentice Mulford im Sinne der Herbeiführung gewünschter Ziele eingesetzt wurden. Autogenes Training, postmodern erneuerte Techniken des Cuéismus und der Autosuggestion, ganze Philosophien von der Kraft positiven Denkens sind in New-Age-Kreisen alltäglich. Man hat viele, vor allem psychotherapeutisch eingesetzte, Vorgehensweisen entsprechend „sanft" eingekleidet. Dennoch vermitteln sie die Botschaft: Du trägst die Verwirklichung deines Glücks in deinem Bewußtsein, strenge Deinen Willen an, und alles, was du brauchst, wird auf dich zukommen. Bei allem immer positiv zu denken, bedeutet schließlich keine geringe Willensanstrengung. Die sanft verpackte Willensutopie heißt „die Kraft der Imagination"[18]. Vorstellungsbilder mit dem Wunsch ihrer Realisierung zu laden, ist alles andere als neu. Im Gegenteil: es handelt sich dabei um das Urmuster der Magie – vom Vorbildzauber bis zur schamanischen Heilung. Heute kann kein Zweifel mehr bestehen, daß magische Bewirkungen auf diese Weise erzeugt werden können[19]. Paracelsus hat die bis in die Gegenwart gültige Beschreibung der Wirkung des Willens in der Medizin und im alltäglichen Leben verfaßt. Gegen die Geschlossenheit und erstaunliche Übersicht seines Werkes wirken die heutigen Imaginationstechniken vielfach wie schwache Abbilder davon. In jedem Fall ist es begrüßenswert, daß auf diesem Weg ein verschüttetes menschliches Potential wieder an die Oberfläche kommt, von dessen Vermögen wir noch wenig Ahnung haben.

Zweifelhaft wird der Einsatz von Imaginations- und Willensschulungstechniken dort, wo von ihnen allein die Lösung komplexer Probleme erwartet wird. Ich möchte dabei von den beschämenden, rein narzißtischen und egoistischen Anwendungen[20] absehen. Die naive Ausformung des New-Age-Gedankens sieht aber durch Imagination und positives Denken ein geheimnisvolles Ausstrahlen ihrer Ideen und die Fortpflanzung des Transformationsgeschehens. Auch hier greifen die Befürworter auf pseudowissenschaftliche Bestätigungen ihrer Ideen zurück. Gerne wird in diesem Zusammenhang die These der „morphischen Resonanz" des Biologen Rupert Sheldrake herangezogen[21].

Sheldrakes These besagt, in Kurzfassung, daß die Formbildung in der Natur, vom Wachstum eines Kristalls bis zum Menschen, durch sogenannte „morphogenetische Felder" kontrolliert wird. Er nimmt in seiner Hypothese ein Problem auf, das die vor allem mechanistisch ausgerichtete Biologie nur „holprig" erklären konnte: wie kommt es, daß ein Organismus „weiß", wo in frühen Embryonalstadien etwa ein Arm oder die Nase wachsen soll? Warum irrt sich der Organismus nur in verschwindend wenig Fällen? Die Schule der Vitalisten und der Neovitalisten zu Beginn unseres Jahrhunderts operierte mit dem aristotelischen Begriff der *Entelechie,* das einem Lebewesen innewohnenden Vermögen, das die Formbildung steuert. Sheldrake geht in seiner These über die Entelechie hinaus. Die morphogenetischen Felder mit der in ihnen wirkenden morphischen Resonanz sind gattungsspezifische Felder, die nicht nur die Formbildung steuern, sondern über Raum und Zeit hinweg immer allgemeinere

Repräsentanten der Spezies hervorbringen. Das heißt, daß spätere Generationen über die Vermittlung der morphischen Resonanz, nach einem Durchschnittswert aller vorangegangenen Generationen gebildet werden. Sheldrake behauptet darüber hinaus, daß auf diese Weise nicht nur physische Formen weitergegeben werden – und zwar nicht molekularbiologisch über die DNS-Ketten, sondern in Resonanz zu *allen* vorangegangenen Mitgliedern der Spezies –, sondern auch erlerntes Verhalten. Diese Behauptung hat zu zahlreichen Experimenten geführt, die eine wesentliche Implikation der Theorie prüfen sollten, nämlich ob es den Mitgliedern einer Spezies leichter fällt, neues Verhalten zu erlernen, wenn eine größere Anzahl der Gattungsmitglieder dieses Verhalten bereits erlernt hat[22]. Sheldrake selbst hat viele biologische Versuche unter diesem Gesichtspunkt neu interpretiert. Das Provokante an seiner These ist die Annahme, daß ein von vielen einmal erlerntes Verhalten durch morphische Resonanz auf andere übergreift, die es gar nicht mehr lernen müssen, sondern bereits können. Dies gilt, Sheldrake zufolge, auch für menschliche Einstellungen, Tätigkeiten, Vorlieben[23].

Abgesehen davon, daß diese Theorie widersprüchliches empirisches Material zutage gefördert hat, ist sie vom naiven New-Age-Gefolge begeistert akklamiert worden: Endlich eine wissenschaftliche Untermauerung für die Ausstrahlung von positivem Denken, der New-Age-Ideen und der Erleichterung einer globalen Transformation! Und das, obwohl sonst dieser Zweig der New Ager mit der Wissenschaft auf Kriegsfuß steht. Blind für Resultate, die hieb- und stichfest sind, erwartet der naive New Ager den Erfolg seiner Willensanstrengungen um positive Gedanken, aufgrund der morphischen Resonanz. Russell geht sogar so weit, eine bestimmte „kritische Masse" zu postulieren. Sobald diese erreicht wird, kann sich auch der hartnäckigste Andersdenker der über ihn hereinbrechenden „höheren Bewußtseinsebene" nicht mehr entziehen[24]. Vielleicht, so hoffen seine Gefolgsleute, braucht die „kritische Masse“ nicht einmal besonders groß zu sein, lehrt nicht eine andere Theorie, daß bereits kleine Fluktuationen in einem Gesamtsystem Resonanz erzeugen und es zum Umkippen auf ein höheres Ordnungsniveau bringen können[25]. Alles wird sehr schnell gehen, lassen sie uns wissen, und „plötzlich werden sich alle anschicken, Rishis, Roshis, Heilige und Buddhas zu werden[26]. Eine Welt voller Heiliger und Buddhas, nur weil eine Handvoll verschworener Utopisten in der westlichen Welt mit Feuereifer ihren Ideen nachhing – phantastischer und naiver lassen sich Wunschzustände wohl kaum formulieren!

Man braucht solche Vorstellungen nur mit Tatsachen zu konfrontieren, um ihre Absurdität (aber auch ihre Unerwünschtheit) festzustellen. Wie kommt es, daß die über Jahrtausende eingeübten Willenstechniken ungezählter spirituell Suchender in Asien – und das schon zu einem Zeitpunkt, als die gesamte Erdbevölkerung nur so groß war wie das Dreifache der in der Bundesrepublik heute – nicht den Effekt erzielten, eine Menschheit von Mystikern und Erleuchteten hervorzurufen? Andererseits, wie ist es möglich, daß der New-Age-Gedanke entstehen und eine beachtliche Gefolgschaft bekommen konnte, wenn doch das allgemeine Bewußtsein in der westlichen Welt von wissenschaftlichem Fortschrittsglauben, Glück durch Reichtum und Leugnung der Transzendenz geprägt war? Gegen diesen enormen „morphogenetischen Resonanzdruck“ hätte doch die sanft-spirituelle Vision keine Chance haben können. Allein aus diesem Grund finde ich es in höchstem Maße unerwünscht, einer Zeitströmung ausgeliefert zu sein, nur weil man Teil derselben Gattung ist.

Von der Freude an der Krise: Der blinde Fleck des New Age

Eine Folge der Naivität ist die Blindheit. Wir werden uns deshalb zu fragen haben, ob die New-Age-Bewegung, zumindest in ihrer naiven Ausprägung, überhaupt in der Lage ist, die gegenwärtige Krise richtig einzuschätzen. Wir leben in einer Mega-Krise – über diese Ansicht herrscht unter New Agern Einigkeit. Überzeugt ist man auch, daß es sich um eine Krise auf vielen Gebieten handelt: Gesellschaft, Politik, Ernährung, Verbrauch von Ressourcen, Institutionen, ökologische Katastrophen, Krankheit, Sucht, Rassen-, Religions- und Nationenzwist, Überproduktion von Unbrauchbarem, Rüstung, eine Krise der Vernunft und eine Krise des Glaubens. Man weiß, daß die Krise, wo immer sie ihre Wurzeln hat, den ganzen Globus erfaßt. Und zugleich kennt man das Remedium – New Age. Transformation zum New Age heilt alle Wunden, sowohl die der Natur als auch die dem Geist zugefügten. New Age als globale Wiederherstellung der Welt, wie sie eigentlich gemeint war. Der New Ager, der das begriffen hat und seiner Einsicht gemäß denkt und handelt, begrüßt die Krise. Er nimmt sie als Zeichen, daß eine Umkehr im Vollzug ist. Die Krise setzt ein deutliches Signal, dem sich kein aufmerksamer Zeitgenosse entziehen kann. Etwas Radikales muß geschehen, um der Krise Herr zu werden. Der New Ager vermutet, daß auch dem allgemeinen Bewußtsein die Notwendigkeit einer umfassenden Neuorientierung geläufig ist. Und er verkörpert sie bereits. Für ihn ist darum die Antwort auf die hochkomplexe Krise auffallend einfach: Transformation des Bewußtseins.

Die Intention ist richtig, ihr Erreichen nicht so einfach, wie das suggeriert wird. Wie wir gesehen haben, läßt sich das Bewußtsein nicht auf Befehl umschalten. Es bedarf einer in der Tiefe der Seele empfundenen Dringlichkeit zur Wandlung. Wer die Transformation des Bewußtseins anstrebt, weil sich dadurch Probleme besser lösen lassen, wird nicht weit kommen. Er muß dem Drängen der „unterirdischen" Erkenntnissehnsucht nachgeben, sie durchscheinen lassen durch sein Welt-Ich, dann wird er sich der Wandlung nicht entziehen können.

Dennoch fragt man sich, ob es ausreicht, in dieser Weise auf die Mega-Krise als Chance zu einer „ganzheitlichen Erneuerung"[27] und als „Katalysator der Evolution"[28] zu bauen. Bleibt uns überhaupt die Zeit, warten zu können, bis die Transformation selbst die schwerfälligsten Institutionen erreicht hat? Der allzu plötzlichen Verwandlung zum Neuen Zeitalter stehen rigide politische und gesellschaftliche Systeme und Interessen entgegen. Diese Systeme reagieren immer noch problembezogen und im Hinblick auf naheliegende Interessen. Der große, ganzheitliche Überblick, nach dessen Handeln das lokale Problem zum Verschwinden gebracht werden kann, ist und bleibt vorläufig Zukunftsmusik. In der äußeren wie in der inneren Welt gehen die Veränderungen weitaus langsamer und viel weniger global vonstatten, als uns New Ager glauben machen. Vor etwa zehn Jahren schrieb Marilyn Ferguson über die von ihr beobachtete „Explosion der Netzwerke", daß sie „einer großen Widerstandsbewegung, einem Untergrund in einem besetzten Land am Vorabend der Befreiung" ähnelt[29]. Zehn Jahre danach stehen wir immer noch am „Vorabend der Befreiung", und das, obwohl sich alles immer schneller wandeln soll. Wir diskutieren immer noch, ob New Age romantisches Wunschdenken oder der Anbruch eines neuen Evolutionsabschnitts ist, während Ölbohrinseln in die Luft fliegen, das Ozonloch größer wird, mit Bhopal und Tschernobyl zwei Meilensteine auf dem Weg der technischen Selbstausrottung gesetzt werden, Robben verenden, die Meere immer schmutziger werden, der Urwald sich weiter lichtet und die Regierungen der westlichen Industrienationen zur einmütigen Beschwichtigung verkünden: Was wollt ihr, weder Inflation noch Rezession in Sicht, unsere multinationalen Industriekonglomerate erzielen zweistellige Zuwachsraten, und gegen AIDS wird sich auch was finden lassen!

Fergusons Gegenwarts-Analyse („Die Macht geht von sterbenden Hierarchien in die Hände der lebendigen Netzwerke über“[30]) ist nur durch einen ungeheuren blinden Fleck auf der Pupille möglich, der die realen Zusammenhänge und Machtverhältnisse verkennt. New-Age-Autoren mit dieser enthusiastischen Tendenz verfallen leicht dazu, in der Beurteilung der Weltprobleme Symptome der Neuen Zeit zu erkennen. Ihre Ergriffenheit von der sich schon im Vollzug befindlichen Herabkunft des „Himmlischen Jerusalem“ läßt sie alle Ereignisse, gleich aus welchen Lebensbereichen, gleich ob sie positiv oder negativ einzuschätzen sind, auf ihre Überzeugung hin interpretieren. Die Weltgeschehnisse entfalten sich so zu riesenhaften Tintenklecksen eines globalen Rorschach-Tests, in denen nur Hinweise für das Kommende gesehen werden. Was sich als Schicksalsschläge und Katastrophen ereignet, steht unter dem Zeichen der „Reinigung“ und „Säuberung“ des Planeten[31]. Der moralisierende Fingerzeig ist durchaus intendiert. Denn die Bedrohung unserer Existenz, komme sie von außen oder sei sie von uns hausgemacht, ist nichts als eine freudig zu begrüßende „Zeit der Selbstprüfung“[32]. An der Krise soll der vermeintlich Unschuldige erwachen und erkennen, daß er selbst die Verantwortung für das trägt, was auf ihn zukommt. Durch die geheimnisvolle Verbindung mit dem Ganzen, auch über die Zeit hinweg und durch die vollkommene Anwesenheit des Ganzen in jedem Individuum[33], ergibt sich die persönliche Verantwortung für das Ganze. Die Menschheitsplagen sind gigantische Lehrstücke[34], um die noch Schläfrigen zu wecken. Im Extremfall vereinfachen sich „Katastrophen wie die von Tschernobyl“ zu einem „Schlag mit dem Zen-Stock“[35].

Unter dieser Perspektive wird über Sofortmaßnahmen nicht viel nachgedacht. Das unter der Diagnose der Krise, für jene „die Sehen können", mächtig aufleuchtende Neue Zeitalter, ist bereits am Werk. Es wird ganz von selbst, in einer „leichten Umwandlung"[36] seine evolutionäre Aufgabe erfüllen, und wir haben das große Glück, in diesem spannenden Moment Zuschauer im Welttheater des Schicksals zu sein.

Man muß sich in diesem Zusammenhang fragen, inwieweit auch differenzierte und zweifellos exzellente Denker vom Virus des Vertrauens in das Unabwendbare (das man freilich kennt) infiziert sind. Bekannterweise tritt als Resultat einer nicht eingetroffenen Prophezeiung in religiösen und quasi-religiösen Gemeinschaften eine Tendenz zu noch unbedingterem Glauben an das System und zu Missionierung ein. Die Reaktion der materialistisch-mechanistischen Moderne auf das Nicht-Eintreffen ihrer utopischen Naherwartung wandelte sich in apokalyptische Verzweiflung und die Enttäuschung letzterer in postmodernen Nihilismus[37]. Vom New-Age-Gedanken, der sowohl vertikalen (Bewußtseins-Höherentwicklung) als auch horizontalen Utopien (Goldenes Zeitalter) nachhängt, könnte man bei Enttäuschung der Voraussagen ein Konglomerat von Nihilismus und Dogmatismus erwarten; vielleicht so etwas wie kluge bereichsübergreifende Systeme, denen der Bezug zur Lebenswirklichkeit abhanden gekommen ist. Bei bestimmten New-Age-Vordenkern deuten sich solche Tendenzen an. Ich denke da zum Beispiel an den überaus gebildeten und eloquenten William I. Thompson. Er hat sich in jüngster Zeit als Verkünder des neuen politischen Modells hervorgetan, das er als „Politik eines neuen planetarischen Bewußtseins" versteht[38]. Diese „Gaia-Politik"[39] entspricht in seinen Augen der vierten Kulturökologie, in die wir bereits eingetreten sind und die mit dem Entstehen des Neuen Zeitalters identifiziert wird. Die drei vorangegangenen Kulturökologien waren zunächst die Flußkulturen am Indus, im Zweistromland und am Nil, später wandte sich der kulturelle Schwerpunkt dem Mittelmeer zu – es entstand die große abendländische Kultur des Mittelmeerraums. Seit dem Zeitalter der Entdeckungen und der europäischen Besiedlung des amerikanischen Kontinents verschob sich der Kulturschwerpunkt auf den Atlantik. Gegenwärtig, konstatiert Thompson, hat sich der bestimmende Kulturraum abermals verlagert – zwischen Amerika und Japan, also um den Pazifik und – hinaus ins Weltall.

Disney-Mythologie als Zukunfts-Szenario: Vom Pazifik in den Kosmos

Thompson beschreibt die neue Kulturökologie, die durch die pazifische Verlagerung entsteht, in einem intellektuellen pluralistischen Stil. Es mischen sich darin Philosophie, Literaturanalyse, Bewußtseinstheorien und bio-politische Handlungsmaximen untrennbar mit einem auffallenden literarischen Gestus. Man fragt sich bei der Lektüre, ob Thompson seine Werke als kulturgeschichtliche Analyse, philosophisches Nachdenken oder als Literatur verstanden wissen will. Die Entscheidung bleibt dem Leser überlassen. Die Fülle überraschender und scheinbar zusammenhangloser Assoziationen, die Thompson ausbreitet, mutet wie ein gigantisches Computerspiel an: es piepst und blinkt und bewegt sich, und man wird im unklaren gelassen, ob ein tieferer Sinn hinter diesem Feuerwerk steht oder ob vielmehr „Sinnbündel" durch das freifließende systemische Denkspiel als Eigenschaften der komplexen Interaktion aufblitzen. Immerhin gestattet sich Thompson einen Strukturrahmen, der das pluralistische Nebeneinander zu einem vereinfachten Schema gerinnen läßt. Der Rahmen ergibt sich aus seinem Epochen-Begriff, der durch die vier Kulturökologien abgesteckt wird. Alle anderen Beobachtungen werden zu den expandierenden und migrierenden Kulturräumen in Beziehung gebracht. Damit ist eine neue *ars combinatoria* erfunden als Entsprechungslehre des elektronischen Zeitalters.

Interessanterweise erfreut sich der New-Age-Diskurs in besonderem Maße an tabellarischen Zuordnungen und Gegenüberstellungen. Insbesondere gilt dies als pädagogische Maßnahme beim Verdeutlichen des verknöcherten, zu überwindenden „Old Age“ gegenüber dem dynamischen, revolutionären New Age. Beliebt sind die Gegenüberstellungen von: altes Paradigma versus neues Paradigma, altes Denken versus neues Denken, Mechanismus-Materialismus versus Holismus, linke Gehirnhemisphäre versus rechte Gehirnhemisphäre, mental-ichhaftes Bewußtsein versus transpersonal-„psychisches“ Bewußtsein. Klassifikationen von klar abgegrenzten Bewußtseinsstufen schaffen Zuordnungsschemata, die der Bewußtseinsleistung des Mental-Ichhaften entspricht. Die dualistische Weltsicht (im Gegensatz zur holistischen), die so sehr beklagt wird, ist mit solchen Trennungen und Zuweisungen identisch. Sobald „Ganzheitlichkeit“ als tabellarische Auflistung zugehöriger Phänomene gegen eine andere Tabelle ausgespielt wird, muß etwas faul daran sein. Ganzheitlichkeit muß unweigerlich das ihr Entgegengesetzte mit einschließen, sonst wäre sie nur eine Form des Partialismus. Der Versuch, mit dem alten Bewußtsein das neue zu erklären, erschöpft sich unwiderruflich an den Grenzen des ersteren.

Thompson setzt diese Tradition der Kästchen-Zuweisungen fort. Allerdings sind es bei ihm vier Kästchen, entsprechend den Kulturepochen. Diese werden, ohne sich differenziert um die realen Gegebenheiten zu kümmern, zum Zwecke der Stimmigkeit der Struktur und zur Befriedigung eines ästhetischen Verlangens zu farbigen Kristallstrukturen einander gegenübergestellt[40]. Die Zuweisungen, insbesondere zur Kulturökologie III (Atlantik) als Repräsentantin der zu Ende gehenden Epoche der Industrienationen und IV (Pazifik/Weltraum) als die schon allenthalben sichtbare kommende Epoche, sind von besonderem Interesse. Thompson reduziert das politische System der Kultur III zu „Industrienation“ und bezeichnet das der Kultur IV als „enantiomorphes Gemeinwesen". Thompson entlehnt diesen Begriff seiner Wiedergewinnung für die Tiefenpsychologie durch C. G. Jung. Mit „Enantiodromie" bezeichnete Jung das Entgegenlaufen von Gegensätzen, um ihre ständige gleichzeitige Anwesenheit als Prozeß in der menschlichen Psyche zu kennzeichnen. Die enantiomorphe Politik, die Thompson im Auge hat, formt sich durch „Muster von interagierenden Gegensätzen, oder Spiegelbilder"[41]. Wahrheit ergibt sich aus der Beziehung der Gegensätze zueinander. Sie steigt also sozusagen als Eigenschaft des Systems auf (ganz so, wie der Sinn aus dem Zusammenspiel dessen, was Thompson schreibt, als Systemeigenschaft *erscheint).* Als zweites Prinzip enantiomorpher Politik postuliert er ein holographisches System anstatt einer Hierarchie. Letztere verbraucht Energien, während das holographische Prinzip sie in sich behält und wieder verwendet. Im dritten Prinzip spricht er noch einmal aus, was er eigentlich immer wieder sagt: „Die Wahrheit ist *im* System" nicht jenseits vom System, die Ausrichtung ist deshalb horizontal und nicht vertikal. Zuletzt erwartet Thompson noch, daß sich Jungs Verständnis der Enantiodromie erfüllt und sich jedes politische System auf seinem Höhepunkt in sein Gegenteil verkehrt. Wir müssen daher lernen, früh genug unser Gegenteil, unseren „Feind" zu lieben, sonst würde aus der Vermischung spiritueller Ausrichtung und Politik das, was wir „gegenwärtig im Iran oder in der katholischen Kirche zur Inquisitionszeit oder im Azteken-Staat beobachten" konnten[42]. In der Tat, Ideen von erstaunlich theoretischem und intellektuellem Kaliber.

Doch werfen wir einen Blick auf die sich ablösenden Kulturepochen. In der verschwindenden Epoche III sei die Art der Umweltzerstörung und Luftverschmutzung, in der Epoche IV ist es Lärm und Paranoia (sic!). Ich weiß nicht, wie sich Thompson das gedacht hat, aber mit den jährlichen Rekordproduktionen an Fahrzeugen, der Überfüllung des Luftraums mit Flugzeugen und der industriellen Abgasproduktion wird die Luftverschmutzung vor der pazifischen Kulturökologie wohl nicht haltmachen. Dementsprechend hören sich Lärm und Paranoia für die Zukunft als Beschwichtigungsprogramm an. Thompson versteht Paranoia als Resultat der komplexen und sich rasch wandelnden Lebensbedingungen, die in den Köpfen Verwirrung erzeugen. Im gleichen Atemzug behauptet er jedoch, daß der religiöse Erfahrungsmodus des enantiomorphen Gemeinwesens symbiotisches Bewußtsein sein wird, das die alte Bindung an den Glauben ablöst. Thompson erwartet also eine geistige Aufgehobenheit in der Gruppe, die mit Paranoia unvereinbar ist. Entsprechend sieht er als archetypischen religiösen Führer in der Kulturepoche IV keine Person, sondern „die Gruppe als Ökologie des Geistes“[43]. Die so ins Gemeinwesen verlagerte spirituelle Führerschaft entpuppt sich als Apotheose des Gesamtsystems. Thompson gibt nicht klar zu erkennen, wie umfassend er dieses Gesamtsystem versteht. Die implizit anklingenden planetaren Ausmaße der Kulturökologie IV mit ihrer Konsequenz der Ausrichtung in den Weltraum (als Ersatz für die geistige Dimension) legt die Vermutung nahe, daß er den Gesamtkorpus der Menschheit zum spirituellen „Führer“ im Sinne einer „Ökologie des Geistes“ versteht. Das bringt seine Argumentation verdächtig in die Nähe von Peter Russells modernem, pseudowissenschaftlich untermauertem Mythos vom „globalen Gehirn“ und dem aus ihm entstehenden „globalen Bewußtsein“[44]. Nur durch das Verständnis von Geist als *Eigenschaft* hochkomplexer Systeme[45] finden solche Vorstellungen ihre Basis. Thompson mischt unbekümmert seinen systemischen Brei, da ohnehin die Diskursform in der von ihm prophezeiten vierten Kulturökologie von Grenzüberschreitungen geprägt sein wird. Wie sich die Netzwerke, die multinationalen Konzerne, die Telekommunikation, das neue Vagantentum des Tourismus und die Wahl der religiösen Zugehörigkeit aus der Perspektive des westlichen Menschen nicht um nationale oder geologische Grenzen kümmern, überwindet der Diskurs problemlos intellektuelle Grenzen. Mythopoetik und Literaturphilosophie sind ebenso zugelassen wie das, was Thompson in neodeutscher Schreibweise als „Wissenkunst" (sic!)[46] bezeichnet. Die vormals abgesteckten Bereiche von Wissenschaft, Kunst, Literatur, Philosophie, Theologie sind zusehends nicht mehr voneinander zu trennen. In der großen Vernetzung, die konsequent multidimensionalen Ausdruck findet, liegt das Selbstverständnis der kommenden Kulturökologie.

Meine These, daß hinter dieser Analyse kaum utopische Substanz zu finden ist, auf der Zukunftshoffnung stehen kann, bezieht sich auf das Konglomerat des vorgestellten Systems: es ist das Resultat enttäuschter Naherwartungen[47] und als solches von charakteristischer, postmoderner Gleich-Gültigkeit und von ebensolchem postmodernen Pluralismus*zwang.* Den spielerischen Tenor seiner These macht Thompson selbst klar, er braucht gar nicht aufgedeckt zu werden. Denn der Mensch der vierten Kulturepoche, als welchen sich Thompson versteht, das sei der *homo ludens.* Als zeitgemäße Verwirklichung des spielenden Geistes, den Nietzsche in einer freien Kunst und fröhlichen Wissenschaft verwirklicht wissen wollte, beschwört Thompson das Spiel selbst als die „wahre" Wirklichkeit. Nietzsches „tanzen wir in tausend Weisen" und „zwischen Gott und Welt den Tanz"[48] findet seine wörtliche Übertragung im Tanz der Muster, dem „kosmischen Reigen", mit dem schon Capra[49] die Verbindung zwischen mystischer Einsicht und physikalischer Theorie als eine des Spiels, des Tanzes charakterisierte. Das Gegeneinander- und Zusammenwirken der Kräfte auf dem planetaren Spielfeld „Welt-*System*" ist in Thompsons Verständnis wahrhaft der Tanz zwischen Gott und Welt, vielmehr *ist* der Tanz identisch mit Gott und Welt.

Zum Spielen braucht man Mitspieler. Diese sind sowohl Gegner wie Mitwirkende am Spiel. Ohne Gegner keine Spannung, keine Dynamik im Spiel. Doch der Gegner ist kein Feind in landläufigem Sinn, also kein „Spielverderber". Entsprechend erhebt Thompson die Gesellschaft der neuen Kulturepoche zu einem „enantiomorphischen Gemeinwesen der sich bedingenden Gegensätze"[50]. Die Gegensätze gilt es zu erhalten, nicht zu überwinden oder auszulöschen. Sie sind das Salz in der Suppe, der Motor der Evolution, der Garant dafür, daß das Spiel weitergehen kann und nicht erstarrt. Vor einem erschrickt die ruhelose postmoderne Mobilität: vor dem Horrorbild der Ruhe. Für sie bedeutet Ruhe Erstarrung, Leere, das Ende pluralistischer Fülle. Auf diesem Hintergrund ist das Sitzen in der Stille der Meditation nur Teil des Spiels, nicht wirklich die Möglichkeit, die letzte Wirklichkeit als *shunyata* (Leere) zu erfahren. Die letzte Wirklichkeit, so macht uns Thompson begreiflich, ist die Fülle des Prozesses ewiger Kombinationen. Freilich wird dann auch aus dem Konzept „Gaia" nur ein Spiel und der mögliche Untergang oder Fortbestand der Menschheit auf diesem Planeten zu zwei Optionen im Spielprozeß. Apokalypse und Goldenes Zeitalter sind gleichrangige Elemente geworden, geschrumpft auf die Bedeutung von zwei „Mensch-ärgere-dich-nicht"-Figuren, denn auch die Menschen selbst sind nur noch Charaktere eines dreidimensionalen Zeichentrickfilms. Treffend lassen sie sich mit dem englischen Ausdruck für Zeichentrickfilm-Figuren bezeichnen: animated figures (eigentlich: „beseelte" Figuren). Und tatsächlich, Thompson erwählt als charakteristische Kosmogonie der Kulturökologie IV Wals Disneys *Fantasia.* Er behauptet, daß *Fantasia* „in seiner mit klassischer Musik verknüpften Vision der Evolution prophetisch auf eine Visualisierung des Denkens hinweist, von der ich glaube, daß es die literarische Sensibilität der ‚Gutenberg-Galaxis' ersetzen wird und daß seine Mythologisierung früherer wissenschaftlicher Darstellungen charakteristisch ist für eine postmoderne Sensibilität, bei der Mythos und Wissenschaft kombiniert sind ... Ob man dies nun lieber als ‚postmodern‘ oder als ‚New Age‘ bezeichnet, ist eine Frage der Zugehörigkeit zu den verschiedenen Subkulturen.“[51]

Resultat solcher Denkweise ist die Unfähigkeit, zu unterscheiden. Disneys *Fantasia* kommt dem Wunsch nach technisch erzeugten und pünktlich funktionierenden Wunschtraumwünschen der abrufbaren Fülle nach. Das grenzüberschreitende Spiel, in dem man Beobachter und Mitspieler zugleich ist, verführt dazu, den pneumatischen Menschen in uns zu verlieren – jene Sehnsucht aus der Tiefe, die im Wechselspiel des Phänomenalen sich selbst vergißt. Geistvergessen nenne ich es, den Geist, einem *deus ex machina* gleich, als Ausdruck eines materiellen Prozesses zu verstehen.

Thompson beobachtet eine reale Erscheinung, die allerdings mit dem Grundgedanken von New Age nichts zu tun hat. Es ist dies die amerikanische Disneykultur, die ihren Stempel durchaus im Gesellschaftssystem zurückläßt: Phantasie und Wirklichkeit gehen durcheinander, nicht nur in den künstlichen Welten der Computerhelden und der „Hacker“, die den elektronischen Schöpfungen „Viren“ ins System einpflanzen, um es zu stören oder gar zu zerstören. Auch die Sience-Fiction Comic-Strip-Helden mit ihrer spielerisch-komischen Freude an Brutalität erwachen in den Urwäldern der Großstädte als archaische Banden, die über rätselhafte Graffitis an den Wänden und einer zu Sprechblasen gequetschten Sprache miteinander kommunizieren. Ihr Spiel kennt nur einen Unterschied zu den „beseelten Figuren“ – die Mitspieler sind keine Stehaufmännchen, die sich schütteln und taumelnd wieder ins Leben des Comic strips zurückfinden, nachdem sie ein Felsen platt auf den Boden gedrückt hat.

Unter Thompsons Blickwinkel erscheinen Verzerrungen und gesellschaftliche Problembereiche (die vornehmlich amerikanischen Ursprung haben) eigenartig akzentuiert, jedoch kein New Age, keine neue Kulturökologie, bestenfalls eine Kulturkatastrophe. Interessanterweise schließt die These von der vierten Kulturepoche „Routinisierung durch Ökologie und Gaia-Formen eines ‚planetaren Management'"[52] mit ein. Dieses Ergebnis ist dem naiven Umgang der New Ager mit der Frage der Macht und Hierarchien (die sie beide zu vergessen beziehungsweise wegzurationalisieren bestrebt sind[53]) vergleichbar: am Ende steht nicht eine neue Bescheidenheit, nicht der Verzicht auf Machbares, keine neue Haltung der Ehrfurcht und des Seinlassens, sondern vielmehr die umfassende holistische Planung, die Totalverwaltung der Welt[54] – die „Gaia-Form eines planetaren Management".

Bewußt-Sein: Zwischen Rückfall und Aufbruch

Gegen die reduzierten und blauäugigen Formen von New Age wendet sich ein Gutteil der Kritik und verwirft bisweilen alles, was unter den Oberbegriff „New Age" subsumiert werden kann. Dabei kommt Kritik an der leichtfertigen Verkündigung des kommenden Zeitalters der Spiritualität auch aus den Reihen derer, die als Wegbereiter des New Age gelten. Mehr und mehr löst sich die intellektuelle Schicht von der New-Age-Bewegung als solcher. Letztere erscheint dann nur noch unter dem Aspekt des naiven „Zurück zur paradiesischen Idylle". New Age wird synonym für Pantheismus, Wiederbelegung archaischer Rituale, Ökoromantik. Der Bewegung wird vorgeworfen, das utopische Drängen nicht evolutionsgemäß vorwärts zu treiben, sondern in sentimentalem Nachtrauern des Vergangenen überwundene Entwicklungsstufen wiederherstellen zu wollen. Früher war alles besser. Der Mythos der zyklischen Zeit, der diesem Denken sehr nahe steht, will die gegenwärtige Verfallsepoche durch ein Goldenes Zeitalter ablösen, wie es schon einmal „da war". Die Utopie ist dem Mythos vollkommen auf den Leim gegangen: Die ewige Wiederkehr und das überragende Wissen über die Zusammenhänge im Kosmos, das es schon einmal auf dieser Erde gab – verwaltet etwa im sagenhaften Atlantis – vertragen sich nicht mit der Vorstellung einer Bewußtseinsevolution. Unter den Geist-Evolutionisten bleibt das Fortschreiten oberstes Gebot. Vollgesogen sind sie vom Wasser aus der Quelle des Geistes, hell vom idealistischen Feuer, das sie mit dem Bewußtwerden Gottes durch die Geschichte seiner Leiblichkeit identisch weiß.

Die „intellektuellen New Ager" – dies ist kein Widerspruch, zumal der Ganzheitlichkeitsanspruch die Rationalität nicht ausschließen kann – beklagen darum das nach rückwärts gerichtete mythische Denken im New Age. Ken Wilber spricht in diesem Zusammenhang von der Verwechslung von „Prä" und „Trans"[55]. Er meint damit, daß Erfahrungen und Sehnsüchte, die *nicht*-rational sind, also den Modus des ausgebildeten personal-ichhaften Bewußtseins verlassen, sowohl in *prä*rationale als auch in *trans*rationale Bereiche führen können. Zumal die Erfahrungen ähnlich erscheinen, werden sie verwechselt. Vorbewußte, regressive symbiotische Erfahrungen werden als Vorstoß in transpersonale Bewußtseinsbereiche gewertet. Die freudige Begrüßung eines transformierten, „erhöhten" Bewußtseins entpuppt sich bei näherer Betrachtung als „atavistischer Krebsgang ins Rückwärts"[56]. Entsprechend scharf fällt die Kritik, selbst bei wohlwollenden Betrachtungen, von seiten rationalistischer und realistischer Standpunkte aus. Die Antwort auf die brennenden Krisenerscheinungen, aber auch auf die Frage nach dem Sinn des individuellen Daseins, kann nicht in der Wiederherstellung archaischer Lebensformen in dumpfem Gruppengeist und in Psychotechniken, die „erweitertes Bewußtsein" versprechen, doch nichts als präpersonale Körper-, Gefühls- und Sinneserfahrungen bieten, gefunden werden. Ken Wilber, ein Wegbereiter des New-Age-Gedankens, der sich völlig außerhalb der New-Age-Bewegung sieht, diagnostiziert: „Die New-Age-Bewegung ist daher meines Erachtens eine seltsame

Mischung einer Handvoll wahrhaft transpersonaler Seelen mit Massen von präpersonalen Süchtigen."[57] Dies ist einer der Gründe, warum die Naherwartung einer verwandelten Welt im Geiste des New Age keine Chance hat. Die „Massen präpersonal Süchtiger" werden keine „planetare Spiritualität"[58] ins Leben rufen, sondern bestenfalls eine Subkultur, die sich in reduzierter Bewußtheit in der Zugehörigkeit zu einer Gruppe Gleichgesinnter darin bestätigt, die „Avantgarde der Transformation" zu sein. Allem Anschein nach haben die regressiven Kräfte eine enorme Macht über die Seele. Es ist, wie wenn der Mensch gegen eine geistige Gravitation anzukämpfen hat, um sein Bewußtsein aus den Fängen von *avidya* (Nicht-Wissen) zu lösen. Bequemer ist es, zurückzusinken und die Bewußtseinsarbeit ad acta zu legen. Doch auch auf der Höhe des inneren Drängens nach transpersonaler Bewußtheit täuscht der Geist sich selbst und spielt dem Ich eine Bewußtseinsebene vor, die noch gar nicht erreicht ist[59].

Dennoch, der verbreitete präpersonale und der genuin transpersonale Aspekt des New Age erwachsen als Phänomene der erlebten gnostischen Unterströmung. Ihre Bewegung als Unterstrom der Geschichte mit ihrer gegenwärtigen deutlichen Transparenz habe ich als einziges und einzig bedeutsames Fundament der New-Age-Ausfaltungen dargestellt. Jede kontroverse Behandlung der Anliegen der New Ager muß sich mit diesem Punkt auseinandersetzen, will sie einen konstruktiven Beitrag leisten. Man kann darum keinesfalls die „präpersonale Sucht" einfach verdammen und damit dem New Age jede wirkliche Zukünftigkeit absprechen. Die Flucht in die regressiven Bereiche spiegelt auch Hilflosigkeit und Angst vor dem Ruf aus dem überweltlichen Wesen. Für viele bedeutet sie die einzige Möglichkeit, durchlässig zu bleiben für das in ihnen anwesende Drängen nach der geistigen Heimat; sich dem spirituellen Auftrag nicht zu verschließen, ohne zugleich den Sprung ins Unbekannte zu wagen.

Zweifellos begrenzt die Furcht vor dem Noch-nicht-Dagewesenen die Fähigkeit vieler Menschen, Neuland des Bewußtseins zu betreten. Dort, wo es gewagt wird, sucht man sich gern spirituelle Disziplinen, religiös-philosophische Systeme als Haltegriffe, oder man übergibt sich der geistigen Gravitation und sinkt selig in den Schoß überwundener Bewußtseinsstrukturen. Die Frage, die den an Bewußtseinserhöhung Interessierten beschäftigen sollte, ist die nach der Möglichkeit einer Motivation, die Schwäche und Trägheit des menschlichen Bewußtseins zu überwinden. Die Voraussetzungen dazu sind gegenwärtig optimal. Vielleicht waren sie nie in der Menschheitsgeschichte besser. Allenthalben ist die starke Sehnsucht zu spüren, die so unterschiedliche Wege nimmt. Die Sehnsucht muß lernen, die Angst zu verlieren – die Angst, die sie vor dem Neuen zurückhält.

Das Bewußtsein richtet sich gewöhnlicherweise nach dem *status quo.* Die Tendenz, sich in der hergebrachten Weise zu erhalten, ist eine Strukturdynamik des Bewußtseins, das seine relative Stabilität erhalten soll. Veränderte Bewußtseinszustände erträgt es nur, weil sie temporärer Natur sind. Ausflüge in ein geheimnisvolles Land. Wenn aber die alten Bezugssysteme aufhören sollen zu sein, schreckt es davor zurück, weil es jenseits der Grenze des Bekannten nichts als Chaos und Wahnsinn vermutet. Was bedeutet es, wenn sich die alten Ordnungen auflösen? Es bedeutet eine neue Ordnung auf einem höheren Niveau. Wer den Sprung nicht wagt, mag darüber theoretisieren, aber auf sicherem Boden verweilen.

Die Angst vor dem Aufbruch in neue Bewußtseinsebenen beschränkt sich keineswegs auf die spirituell Suchenden. Im Gegenteil, diese haben bewiesen, daß sie regelrechte Bewußtseinsabenteurer sind. Mit Vorliebe bewegen sie sich in Räumen anderer Bewußtseinszustände. Bisweilen wird die Bewußtseinsveränderung zur Manie – eine Art magische Vervielfältigung zum Schutz gegen den Schrecken in *trans*personale Ebenen vorzustoßen und in solchem Bewußtsein heimisch bleiben zu dürfen. Weit mehr Angst steckt in den spirituell gleichgültigen Menschen, deren materielle Panzerung sie in *avidya* festhält. Weit mehr Angst steckt auch in den überzeugten Rationalisten. Sie gestatten sich zwar den Luxus des Nachdenkens über geistige Dimensionen, doch alles, was es an ihren Denkleistungen noch zu verbessern gäbe, erschöpft sich im Abwenden nicht-rationaler Residuen. *Cogito perfectus* nennt bezeichnenderweise ein Vertreter der Rationalität[60] diese Denkungsart, um sie von anderen, minderen Denkweisen, die als *cogito interruptus* bezeichnet werden, abzuheben. Rationalität zeigt unter der Hülle dieses Wortspiels ihr Gesicht: sie entwirft die Geschichte *männlicher* Denkphantasie. Offenbar ist der Rationalist von der Angst verfolgt, mit seiner Denkungsart seine Männlichkeit (sprich: Potenz) zu verlieren. Jeder Anschein einer nicht begründbaren Idee, gefühlsmäßigen Schwärmerei, visionären Rhapsodie, verheißt das drohende Ende des *eregierten Denkens.* Der Rationalist leistet im Extrem die Apotheose körperlicher Potenz im Bewußtsein[61]. Seine Angst zieht nach beiden Seiten mächtige Grenzen: zurück ins Präpersonale käme einem Abstieg in eine „Vor-Männlichkeit" gleich – geführt am magischen Gängelband der Großen Mutter[62]; vor ins Transpersonale scheint ihm besonders suspekt, weil ihm ein höheres Bewußtsein als das rationale Denken unmöglich (besser: un*denkbar)* scheint. Unter dieser Perspektive erscheint das Transpersonale als nichts anderes als präpersonale, okkulte Einheits-Gefühlsduselei, glücklich verschlungen im wabernden Weltgeist.

Mit der Sehnsucht der New Ager hingegen lassen sich Wege beschreiten, auf denen man die Angst vor dem völlig neuen, transformierten Dasein verlieren lernt. (Ob daraufhin eine Transformation erfolgt, bleibt dahingestellt.) Transpersonale Psychologien[63] versuchen in dieser Zeit der Gärung diesen Weg zu ebnen. Freilich versprechen sie nicht rasche Symptomlinderung für geistige Orientierungslosigkeit – das käme dem mechanistischen Konzept gleich, das die ächzende Maschine „Seele“ einem Fachmann zur „Reparatur“ überläßt. Transpersonale Psychologen verstehen sich eher als Begleiter, an deren Seite die geistigen Gehversuche im Neuland leichter werden sollen. In manchen dieser psychologischen Systeme, die tief in die Domäne der Religionen eindringen[64], sehe ich eine Möglichkeit, das Potential der Bereitschaft zu einem Bewußtseinswandel, das durch das Phänomen New Age sichtbar geworden ist, entscheidend in seiner Entfaltung zu unterstützen. New Age ist eine spezifische Erscheinungsform in westlichen Industrienationen. Es bedarf einer ebenso spezifischen Führung, um die religiösen und philosophischen Lehrmeister zu ersetzen, die zu ihrer Zeit und in ihren Traditionen die Aufgabe der geistigen *Höher*-Führung innehatten. Ich glaube nicht, daß sich auf diese Weise das New Age morgen oder übermorgen auf unserem Planeten ausbreiten wird. Es wird sich, *so* wie es von der New-Age-Bewegung heute verstanden und gewünscht wird, überhaupt nicht ereignen. Aber ich bin davon überzeugt, daß wir auf solche Weise wesentliche Schritte machen können in eine ferne Zukunft – sollte sie unseren Nachkommen beschieden sein –, in der sich das erfüllen wird, was Joachim von Fiore als die dritte Heilszeit gefaßt hatte.

Supermarkt der Religionen?

Nicht nur um den Ersatz religiöser Lehrmeister, um das Ersetzen der Religion fürchtet das Christentum angesichts von New Age als der „Macht von Morgen“[65]. Die Meinungen über New Age aus dem christlichen Lager klaffen freilich weit auseinander. Wo der eine „Gegnerschaft … gegenüber dem Christentum“[66] feststellt, vermutet der andere, daß „Christen New-Age-Anhänger und New-Age-Anhänger Christen werden“[67]; wo der eine behauptet, daß „die neue Spiritualität ... ein Rückschritt in das Heidentum“[68] sei, erwartet der andere von der „Transformation von beispiellosen Dimensionen“ die Einheit nicht nur aller Menschen, sondern aller Religionen[69]. Es würde bei weitem den Rahmen dieses Buches sprengen, das Für und Wider New Age unter dem Blickwinkel des Christentums kritisch unter die Lupe zu nehmen. Einige Punkte allerdings sind für die bislang dargestellten Ideen von Belang und sollen deshalb kurz angesprochen werden.

Zunächst einmal fällt auf, daß von allen Weltreligionen allein das Christentum das „Problem“ New Age aufgegriffen hat und in einer unübersehbaren Anzahl von Publikationen diskutiert. Die Gründe dafür sind vielfältig. Der vordergründigste liegt in der Tatsache, daß in den westlichen industrialisierten Nationen – mit der Ausnahme Japans – die dominierende Religion das Christentum ist. Da New Age eine Bewegung ist, die in der industrialisierten Welt entstanden ist und gewissermaßen auch eine parareligiöse Orientierung aufweist, fühlt sich das Christentum zu Recht berufen, darauf zu reagieren. Zum anderen gibt es eine Tradition innerhalb der New-Age-Bewegung, mit nichtchristlichen Religionen und naturreligiösen Formen zu sympathisieren. Diese ursprüngliche oberflächliche Aussteiger-Spiritualität – ein Relikt der Beat-und Hippie-Generationen – hat allerdings in der New-Age-Gemeinde eher zu einer Interreligiosität geführt, die auch das Christentum mit einbezieht. Von dieser Warte aus könnte man von einem neuen Interesse am Christentum sprechen – eine Befruchtung, die ihre Wurzeln im Einlassen auf andere religiöse Systeme gefunden haben.

Freilich, dieses Interesse ist suspekt, denn es richtet sich nicht an die christliche Botschaft als Übermittlung *der* Wahrheit, sondern als *eine* mögliche Übermittlung von Wahrheit. Das Christentum vermutet in solcher Religiosität eine Verwässerung ihrer Religion, eine unzulässige Verallgemeinerung, die über wesentliche Unterschiede in den Religionen hinwegzugehen versucht. Zugleich aber ist ihr eins aufgefallen: die Neue Spiritualität, die mit Macht nach wahrer *religio* (Rückverbindung) sucht, ist im angestammten Kulturkreis des Christentums entstanden, nicht aber als Erneuerung der christlichen Gemeinde. Die Fragestellung muß sich deshalb zunächst umkehren: Was ist los mit der Kirche, wenn sie es nicht war, das spirituelle Feuer zu entzünden? „Die Kirche hat ihr religiöses Monopol verloren“[70]. Schon seit Jahrzehnten werden dafür immer wieder dieselben Gründe ins Feld geführt: die erlebbare Religiosität hat in der modernen Kirche keinen Raum mehr, sie erstarrt zur Formelhaftigkeit; insbesondere die protestantische hat das Staunen und die Ehrfurcht der Gläubigen durch theologischen Rationalisierungszwang und „dogmatische Intellektualisierung von Glaubenserfahrungen“[71] unmöglich gemacht; die kirchlich verwaltete Religiosität ist langweilig, antiquiert, trivial. Viele dieser und ähnlicher Gründe haben zu einer Abkehr von der Kirche geführt. Selbstverständlich spielten eine ganze Reihe außerkirchlicher Gründe in der westlichen Welt eine entscheidende Rolle in dieser Abwendungsbewegung. Aber nicht zuletzt die New-Age-Bewegung zeigt, daß das Verlangen, in *religio* aufgehoben zu sein, dadurch keineswegs abhanden gekommen ist.

Entscheidend ist, daß die vielen Facetten der New-Age-Bewegung nicht spirituelle Ipulse darstellen, die nach Ersatzreligionen suchen, weil ihnen das Christentum keine Heimat mehr bieten kann. Vielmehr verkörpert das New Age die Suche nach einer *anderen Form* von Religion. Eine Religion, die ein fertiges System liefert, das man entweder glauben muß, oder man gehört nicht der Religion an – zumindest nicht in umfänglichem Sinn –, erfüllt nicht die Sehnsucht, die Wahrheit von *religio* zu *erfahren.* Dabei wird vom New Age die Wahrheit der Religionen gar nicht angezweifelt. Der New-Age-Gedanke wehrt sich gegen die Formen institutionalisierter Religiosität. Unter seiner Perspektive gehören diese Formen einem aussterbenden

Bewußtseinsniveau an. So wie die großen Religionen parallel zum Herausbilden des mental-ichhaften Bewußtseins entstanden sind, haben sie dieses bis zu seinem Kulminationspunkt begleitet. Die Zukunft, so legt der New-Age-Gedanke nahe, wird keinesfalls areligiös sein, aber nicht mehr der zahlreichen Kirchen und Religionen in der gegenwärtigen Form bedürfen. Es ist deshalb falsch, zu vermuten, New Age sei das „Vergnügen, seine eigene Religion zu haben“[72]. Das stimmt, insofern New Age mit seiner postmodern-narzißtischen Komponente identifiziert wird. Wenn man aber das Wesen hinter allen Erscheinungsformen von New Age treffen will, dann geht es weder um Vergnügen noch um die Wahl einer bestimmten eigenen Religion. Vielmehr legt das Erreichen einer neuen Bewußtseinsebene nahe, daß Spiritualität nicht mehr im herkömmlichen Sinn einen institutionalisierten Rahmen benötigt. Spiritualität ist ein Grundpfeiler, auf dem echtes, transformiertes Bewußtsein steht. Und dort steht es in sicherem Vertrauen – ohne Priesterschaft und Dogma.

Ich behaupte nicht, daß demnächst durch eine große Transformation die Weltreligionen, insbesondere das Christentum, ihre Kirchen und Tempel schließen und die Bildfläche der Geschichte verlassen werden. Aber ich bin der Überzeugung, daß der vermittelte Glaube einem unvermittelten Wissen weichen wird – langsam, wie alle Entfaltung auf der Erde seine Zeit braucht. Auf Joachim von Fiores dritten Status hin sehe ich das New Age ausgerichtet. Bislang freilich ist das Sammelsurium an eklektischer Religiosität vorherrschend im „Grenzbereich der Aquarier“[73]. Dort, wo gelebte Spiritualität kein Erfahrung-Sammeln, kein transreligiöses *Konstrukt* aus intellektueller Spielfreude ist, begegnen uns echte vollständige Verbindungen zwischen den Religionen, ausgedrückt in den sie lebenden Menschen: etwa Hugo Enomiya-Lassalle und David Steindl-Rast im Christentum und Zen-Buddhismus, Bede Griffiths im Christentum und Hinduismus. Diese Beziehung zwischen den Religionen wird in

Zukunft einem entscheidenden Wandel unterliegen, sollten die geistigen Impulse, die durch das New Age sichtbar werden, Bestand haben.

Bisher kannte man vor allem zwei Arten von Beziehungen religiöser Systeme untereinander: die Vermischung mit dem Resultat einer synkretistischen Religionsform und die ökumenische Toleranz. Synkretismus erwächst auf dem Boden einer gelebten, archaisch und animistisch beeinflußten religiösen Erlebnisweise. Er entspringt der Hineinnahme verschiedener kultischer und liturgischer Elemente in das persönliche religiöse Empfinden. Die ökumenische Toleranz hingegen spiegelt den aufgeklärten Dialog zwischen den Religionen. Ihr charakteristisches akzeptierendes Nebeneinander entspricht der rationalen Diskussionsform. Ökumene verweist auf Koexistenz von Institutionen und ihrer offiziellen Vertreter. Die New-Age-Religiosität, wenn man den Versuch machen will, sie in dieser allgemeinen Form zu charakterisieren, ist durch etwas gekennzeichnet, das ich „Transreligiosität“ nennen möchte. Die Überschreitung der Grenzen der Religionen nimmt in oberflächlichen Fällen die postmoderne Form einer eklektischen Religiosität an. Verbindliche, normative Lehrinhalte der Religionen spielen in der eklektischen Religiosität eine untergeordnete Rolle. Im Zentrum steht vielmehr, daß die einzelnen Elemente Beiträge zu *Erfahrungen* sein müssen, die sich im Erleben niederschlagen. Auf diese Weise werden keine Dogmen gelebt beziehungsweise wird der Mensch nicht von der Religion her in seinen ethischen Maximen geprägt, sondern vielmehr sucht sich das Individuum die ihm entsprechenden Elemente aus den Religionen. Freilich degenerieren in solchen Extremfällen die Religionen zu Selbstbedienungsläden, die – in den Augen der Kunden – im Grunde genommen alle das Gleiche in verschiedenen Verpackungen und Geschmacksvarianten zu bieten haben. Bezeichnenderweise kann man daneben auch noch Selbstbedienungsläden für okkulte Systeme, für veränderte Bewußtseinszustände und für Erfahrungen durch Psychotechniken hinzuzählen. Der Pseudosynkretismus der eklektischen Religiosität ist ebenso austauschbar wie die Struktur seiner Bestandteile. Es genügt nicht, bei dieser Feststellung zu verharren. Wir müssen den Blick auf die Gründe richten. Diese sind meines Erachtens auf jenem Pfad zu suchen, den ich im ersten Kapitel dieses Buches dargestellt habe: das tausendfältige Wiedererkennen unseres Hierseins als Heimkehr zum Geist. In dieser Zeit wird es offenbar, daß diese Botschaft aus allem zu uns spricht und am deutlichsten aus den Weisheiten aller Religionen. Kann man es dem Entwurzelten verdenken, daß er in der Freude des Wiederfindens sich fest- und aufrechthält an dem, das ihn lebendig berührt?

Vielfach ist die Behauptung eklektischer Religiosität eine Reduzierung der tatsächlichen Gegebenheiten. Was sich beobachten läßt in der New-Age-Bewegung ist, wie ich dargestellt habe, die Vermischung von archaischem und modernem Denken. Sie äußert sich durch das charakteristische Doppelverständnis der Zeit als zyklische Abfolge (archaisch) und als unilineare Ausrichtung (modern). Sie äußert sich auch durch die gleichzeitige Hinwendung zu kultischem Brauchtum, archaische Naturverehrung und zu modernen kybernetischen Modellen, Computernetzwerken. Es hat den Anschein, als ob der Versuch, Ganzheit zu verwirklichen, durch die Zusammenführung des lange Überwundenen und des in der Moderne Erarbeiteten geleistet werden soll. Der Präformierung dieses Ganzheitsverständnisses in der Seele des Menschen entspricht die damit identische Integrationsleistung: Träume, Ahnungen, Gefühle, Intuitionen, Körpersensitivität (archaische Bewußtseinsformen) und Verstand, Denken, Logik („moderne" Bewußtseinsformen) sollen in der Psyche zusammenfinden, um die Fragmentierung des gegenwärtigen Menschen rückgängig zu machen.

Auf diesem Hintergrund erfährt der archaische Synkretismus und die moderne ökumenische Toleranz, ich möchte sagen auf selbstverständliche (oder: dem *Selbst* verständliche) Weise, eine neue Form der Vermengung. Ihren tiefsten Ausdruck findet diese in der Transreligiosität, in welcher Religionsformen oder Religionen *vollständige* Ausprägung in einem Menschen finden. So ist etwa David Steindl-Rast nicht „halber" Christ und „halber" Zen-Buddhist, sondern *ganzer* Christ und *ganzer* Zen-Buddhist[74]. Auf diese Weise gewinnt Transreligiosität ihren Sinn: Das Zusammenwirken ist auf allen Ebenen erreicht, verliert sich nicht in animistisch-synkretistischem Brei, bleibt nicht allein Verstandesstrategie. Der Sinn verweist auf die verbindende Botschaft im Kern aller Religionen, und die immer zugleich im Seelenzentrum des Menschen aufscheint als das, was ich die „gnostische Urerfahrung" genannt habe. Aus der Belebung solcher Erfahrung wächst der transreligiöse Impuls.

Freilich ist Transreligiosität nicht immer die vollständige Zugehörigkeit zu zwei oder mehreren Religionen. Sie ist aber stets mehr als eklektische Religiosität. In ihr ist ein Keim lebendig geworden durch existentielles Angerührtsein. Die vertikale Utopie hat den Menschen erfaßt. Quellen werden offenbar und Zukünfte, als innerer „Schatz, der nicht vergeht und dort ist, wohin keine Motten dringen und kein Wurm nagt"[75]. Personen, die zwei Religionen auch in ihren Riten verkörpern, Personen, die nach den Grundlagen mehrerer Religionen ein wahrhaft spirituelles Leben führen, und die ungezählten Suchenden zwischen eklektischer Religiosität und religiös gefärbtem Pluralismus gelten als Zeichen einer Wandlung, an deren Ende das Erscheinen der Einen Wahrheit in der Welt steht, die der Geist in die Herzen der Menschen gesenkt hat und die im „Inneren" der Religionen und im „Inneren" der Seele gleichermaßen ihrer allmählichen Erlösung entgegensieht. Bede Griffith, Christ und Hindu, sagt: „Das ist unser Schicksal, mit Gott eins zu werden in einer Einheit, die alle Unterschiede tilgt, und in der doch jeder einzelne sich in unversehrter Ganzheit wiederfindet."[76] Eine Sehnsucht, die *alle* Unterschiede tilgt, bewegt das New Age, läßt alles, worauf der Mensch seine Erkenntniskraft richtet, unter dem Aspekt der Einen Wahrheit im „Inneren" der Seele erscheinen. Doch weil das Bewußtsein noch kein Fassungsvermögen dafür hat, erfindet es neue Unterschiede, die ihm Ganzheiten sind, verirrt und verliert sich von neuem in der phänomenalen Welt.

Das New Age dürfen wir wahrlich nicht morgen erwarten, jene Wandlung, die das Innere durchscheinend werden läßt in der Welt, nicht in zehn, nicht in hundert Jahren. Und wäre es nicht das New Age, das in seiner Plumpheit uns zwingt, auf die Möglichkeit solcher Wandlung zu starren, so gäbe es andere Ereignisse und Phänomene, dasselbe wahrzunehmen. Vielleicht gab es nie ein auffälligeres Geschehen als die New-Age-Bewegung, das uns die Eine Erinnerung wachrufen läßt. Doch die Art und Weise dieser äußeren „Erinnerungsstütze" entspricht der Zeit und dem Ort. Die New-Age-Bewegung, wie wir sie heute kennen, wird verschwinden. Sie wird sich nicht unauffällig in das von ihr verkündete Wunschbildkonglomerat verwirklichen. Sie wird etwas anderem Platz machen. Sie hat ihren Beitrag geleistet, war *ein* Katalysator auf dem langen Weg der Herauslösung des Inneren Menschen, der Inneren Welt aus dem Gefängnis des Gewordenen.

Epilog: Überwindung des New-Age-Denkens

Zu welchem Ergebnis können wir nun, aufgrund der Darstellung kommen? Ist das New Age tatsächlich die sich ankündigende Neuformierung von Gesellschaft und Lebenszusammenhängen oder ein okkult-optimistisches Strohfeuer, das bald nur noch die soziologische Geschichtsschreibung interessieren wird? Die Antwort kann nur lauten: keines von beiden. Zusammenfassend will ich deshalb noch einmal die wichtigsten Ergebnisse der Analyse des Phänomens New Age darstellen:

1. New Age ist keine einheitliche, leicht beschreibbare, abgeschlossene Bewegung. New Age ist vielmehr ein Etikett, das auf die Projektionsfläche vielfältiger Wünsche und Sehnsüchte nach einer heilen, im Sinne von „geheilten", Welt geklebt wird. Es repräsentiert gewissermaßen die Gesamtheit aller Anstrengungen, eine sowohl psychisch wie materiell bedrohte Welt in einen Zustand der Harmonie zurückzuführen, mit dem zugleich die Rettung vor einem möglichen Untergang verbunden wird.
2. New Age entstand als Phänomen mit der Dekadenz des modernen Bewußtseins und – auf gesellschaftlicher Ebene – der Moderne selbst. New Age darf nicht als Antwort, als Nachfolger der Moderne verstanden werden. Vielmehr *ist* New Age zu einem Gutteil die Dekadenz der Moderne, insofern sie Teil jener Gärung ist, die als Postmoderne bezeichnet wird. Deshalb ist New Age mit allen seinen positiven und negativen

verführerischen Aspekten ein *Ausdruck* des gegenwärtigen westlichen Lebensgefühls.

3. Ein wesentlicher Kritikpunkt trifft New Age als eine Form naiven Wunschdenkens, das die Krise der Gegenwart als den Wandlungsprozeß zu einem Goldenen Zeitalter begreift – ein Zeitalter, das aus heilsgeschichtlicher Notwendigkeit eintreffen soll. In dieser Ausformung erweist sich das New-Age-Denken tatsächlich als eine Form „sanfter Verblödung“, unter deren Perspektive die Dringlichkeit von Problemlösungen auf allen Ebenen zugunsten von Wunscherwartungen zurücktritt. Ohne Zweifel ist dies eine eminent gefährliche Art, der globalen Krise zu begegnen.
4. Die positiven Aspekte des New Age ergeben sich aus der intensiv erlebten Erneuerung der unterirdischen utopischen Sehnsucht:
   a) Es kommt zu einer Befruchtung festgefahrener erkenntnistheoretischer Positionen und zu einer Erneuerung hergebrachter wissenschaftlicher Methoden. Die Stichworte lauten: Paradigmenwechsel, Neues Denken/Neue Wissenschaften, ganzheitliches Denken.
   b) Eine verstärkte Zuwendung zu spirituellen statt materiellen Werten läßt sich feststellen. Die Stichworte lauten: Wertewandel, Spiritualisierung, Neue Religiosität, Selbsterfahrung.
   c) Zugleich tritt eine Sensibilisierung für Ungleichgewichte, Schieflagen auf personaler und gesellschaftlicher Ebene auf. Die Stichworte lauten: Ökologisches Weltbild/Ökologie des Geistes, Achtung der Erde als lebenden Organismus/Gaia-Hypothese, Kooperation statt Konkurrenz, Friede, Bürgerdiplomatie.

Das New Age als Etikett für ein Lebensgefühl darf allerdings nicht mit einem tatsächlich bestehenden neuen Zeitalter verwechselt werden. Das Ende der Moderne ist, wie wir gesehen haben, nicht ihr vollständiges Verschwinden, sondern vielmehr ist diese „Zeit des Endes" der Beginn der Dekadenz der Moderne, ihrer Verwandlung zu einer unbekannten Zukunft. New Age ist ein Phänomen dieser Verwandlung, das in der Form einer Bewegung bereits dabei ist, Geschichte zu werden. Das Herzstück des New Age, der utopische Impuls zu geistigem Erwachen, bleibt bestehen, wie er immer die Menschheit begleitet hat. Er läßt sich nicht fassen als Teil einer „Verblödung", er läßt sich nicht einnehmen zugunsten einer „Verschwörung". Er *ist,* und ohne ihn ist der Mensch nichts als ein schlummerndes Tier.

Von dem utopischen Impuls, der im New Age deutlicher hervortritt, speist sich die Kraft gegen apokalyptische Mahner und Schwarzmaler. Diese Kraft verweist nicht darauf, sich auf Wunschvorstellungen auszuruhen, sondern aus der Sensibilisierung durch die Gefahr der endgültigen Zerstörung der organischen Formen heraus, bedacht wie bestimmt zu handeln. Diese Gefahr kann heute nicht übersehen werden. Seit allerjüngster Zeit ist es bekannt, daß nicht nur zahlreiche Länder Kernwaffen herstellen können, sondern mittlerweile auch über die Technologien verfügen, Mittelstreckenraketen als Träger für diese Waffen zu bauen. Die Zeiten eines atomaren Oligopols weniger Mächte sind vorbei. Der Traum von einer Atomwaffenfreien Welt tritt damit in unglaubliche Ferne[1]. Die Apokalyptiker und Mahner vor der „Endschlacht" und den endgültigen globalen Katastrophen interpretieren die gegenwärtigen Weltprozesse diametral entgegengesetzt zum New Age. Dennoch verbindet sie in der Tiefe oft dieselbe geheime Hoffnung auf das irdische Paradies. Allein ihr Denkmuster ist anders, in gewisser Weise fundamentalistisch moralisierend: das Goldene Zeitalter kann erst nach der großen Reinigung, die mit dem Untergang des Dunklen Zeitalters erfolgt, entstehen. Erst nach der Endschlacht zwischen dem himmlischen und höllischen Brüderpaar erscheint Gottes Herrlichkeit und senkt sich das Neue Jerusalem auf die Erde. Sie ersehnen die Katastrophe, weil erst ihr Eintreffen die Erneuerung nach der finsteren Nacht möglich macht.

Die „Philosophie der Menschenflucht", wie sie von Ulrich Horstmann zu ihrer extremsten Ausbildung geführt wird[2], repräsentiert die äußerste Angst des Menschen, die erst das moderne Bewußtsein in dieser Weise hervorgebracht hat: die Angst, daß der Mensch letztlich doch nur ein Produkt aus Zufall und Notwendigkeit ist ohne transzendente Dimension und daß es deshalb besonderer Mittel bedarf, der unausweichlichen Sinnlosigkeit individueller Inkarnation, ja der gesamten Inkarnationsgeschichte des Organischen mit der Droge des Hasses auf alles, was lebt, wächst und sich fortpflanzt, zu begegnen. Horstmanns Quintessenz als konsequente Fortführung des Denkens Schopenhauers und Eduard von Hartmanns[3], läuft darauf hinaus, zu verlangen, das irdische Leben müsse ausgelöscht werden, damit der Makel der Sinnlosigkeit mit seinem Untergang verschwinden könne.

Wie konkret Horstmanns Aufforderung, endlich durch eine globale Anstrengung mit dem Organischen Schluß zu machen, gemeint ist, läßt sich schwer entscheiden[4], nimmt nicht seine Philosophie die bekannte postmoderne Form des intellektuellen Spiels auf. Denkerisch ist Horstmann in die Regionen jenseits des Lebendigen vorgedrungen, um mit seiner radikalen Aufforderung zur Globalvernichtung einen literarischen Schachzug auszuspielen, der eine kathartische Funktion haben soll: die Aufforderung ist ein literarisch verkleideter Denkanstoß, der die Schlafenden wachrütteln soll.

Doch Horstmanns Ideen und vor allem das bekannte Lebenswerk Ciorans[5] gedeihen als düstere Blüten der rationalistischen, realistischen und materialistischen Denkungsart der Moderne. Diese hat die geistige Dimension unseres Daseins, als Freiheit von den räumlich-zeitlichen Beschränkungen der körperlichen Existenz ausgetrieben. Die Unerreichbarkeit der Erfahrung unseres doppelten

Ursprungs und der damit verbundene Verlust der vertikalen Ausrichtung der menschlichen Sehnsucht, veranlaßt Horstmann das Denken Teilhards als „pathologisch“ zu bezeichnen[6], läßt Cioran den bösen Demiurgen der Gnostiker beschwören: „Nichts wird mich von dem Gedanken abbringen, daß die Welt die Frucht eines Geistes der Dunkelheit ist, dessen Schatten ich verlängere, und daß es meine Sache ist, die Folgen der auf ihn und uns erstreckten Vermaledeiung zu erschöpfen.“[7]

Dieses konsequente Vernichtungsdenken spiegelt die Früchte des irdisch-ichhaften rationalen Zeitalters und ist als solches, wie das New-Age-Denken, dem Verfall des modernen Bewußtseins zuzurechnen. Verfall und Dekadenz soll nicht in abwertendem Sinn gemeint sein. Vielmehr sollen diese Ausdrücke auf ein zu Ende gehendes Bewußtseinsniveau verweisen in einer Zeit, in der die neue Bewußtseinsebene noch lange nicht ausgeformt zutage getreten ist. Die negative Einschätzung des Lebens, speziell des menschlichen und der Ruf nach Befreiung von der Fessel materieller Existenz, birgt die jahrhundertelang gepflegte einseitige Lust auf das Irdische „mit klammernden Organen“ (Goethe) in sich. Denn das materielle Lebendige allein kann vernichtet werden. Der Tod gehört zum Leben, er ereignet sich als Phänomen des Irdischen. Die Sehnsucht nach der Zerstörung des Leiblichen betrifft nur den in das Stoffliche und seine wundersame Wandelbarkeit hoffnungslos verliebten Geist der Vernunft, der sich längst alle geheimen Wege in die Tiefe der Seele verstellt hat. Ihm bleibt nur die radikalste Lösung, sich des unzerstörbaren Teils im Menschen zu vergewissern – der Tod.

Die hoffnungsvollen Ideen der New Ager aber müssen sich, so meine ich, von ihrem dunklen Widerpart befruchten lassen. Was im New Age als positives Feuerwerk versprüht wird, muß Betroffenheit lernen, muß erschrecken vor den Möglichkeiten des Geistes. Seine große Gefahr bleibt, die Gefahr nicht erkannt zu haben. „Wir haben das

Glück erfunden – sagen die letzten Menschen und blinzeln ...“ schrieb Nietzsche im „Zarathustra“. Sich auf eine Psychotechnologie der Glückserschaffung zu verlassen, hieße wahrhaft sich zum „letzten Menschen“ stempeln. Der Mensch der Postmoderne muß lernen auf Machbares zu verzichten, muß aus Betroffenheit Scheu entwickeln, ein Sein-Lassen-Können, das nur aus der Reife entstehen kann. Verzichten kann man nur auf etwas, das man beherrscht. Nur der Magier kann auf seine Magie verzichten, der Zauberlehrling ist ihr in seiner Experimentierfreude ausgeliefert. Experimente mit Waffen, Genen, Wirkstoffen oder Menschengruppen kann sich der Zauberlehrling „Mensch“ nicht mehr leisten. Die Reife des Verzichts darauf in einer „heiligen Scheu“ vor dem Geschaffenen, kann sich nur ergeben aus dem Begreifen der Unzulänglichkeit der Methoden, die das moderne Bewußtsein hervorgebracht hat. Die Reife entsteht mithin als Ergebnis auf der Höhe des modernen Bewußtseins, diesem Bewußtsein selbst inne zu werden. Wenn vom New-Age-Denken[8] und vom apokalyptischen Denken etwas bleibt, dann die Überwindung beider Denkweisen, indem wir den Auftrag erkennen lernen, uns ein Bewußtsein von unserem Bewußtsein zu schaffen. Erst daraus folgt die Möglichkeit einer verwandelten Zukunft.

Anmerkungen

Kapitel I

[1] David Spangler: Rebirth of the Sacred, London 1984, S. 78 ff.
[2] George Trevelyan: Eine Vision des Wassermann-Zeitalters, München 1984, S. 80.
[3] Günther Schiwy: Der Geist des Neuen Zeitalters, München 1987, S. 109.
[4] Marilyn Ferguson: Die sanfte Verschwörung, Basel 1982.
[5] George Trevelyan: Op. cit.; ders.: Unternehmen Erlösung, Freiburg 1983.
[6] David Spangler: Op. cit.; ders.: New Age – Die Geburt eines Neuen Zeitalters, Kimratshofen 1983.
[7] Robert Muller: Die Neuerschaffung der Welt. Auf dem Weg zu einer globalen Spiritualität, München 1985; ders.: Planet der Hoffnung. Wege zur Weltgemeinschaft, München 1986.
[8] Ken Wilber: The Atman Project, Wheaton 1980; ders.: Halbzeit der Evolution, Bern 1984, ders.: Das Spektrum des Bewußtseins, Bern 1987; ders.: Die drei Augen der Erkenntnis, München 1988.
[9] William I. Thompson: The Time Falling Bodies Take to Light. New York 1982; ders.: Die pazifische Herausforderung. Re-Vision des politischen Denkens. München 1986.
[10] Theodore Roszak: Mensch und Erde auf dem Weg zur Einheit, Soyen 1982; ders.: Das unvollendete Tier, München 1982.
[11] Fritjof Capra: Wendezeit – Bausteine für ein neues Weltbild, Bern 1983.
[12] Morris Berman: Die Wiederverzauberung der Welt, München 1983.
[13] Erläuterungen zu allen Fachbegriffen finden sich in: Elmar R. Gruber und Susan Fassberg: New-Age-Wörterbuch, Freiburg 1988[2].
[14] Fritjof Capra: Das Tao der Physik, Bern 1987[9]; ders.: Das Neue Denken – Aufbruch zum neuen Bewußtsein, Bern 1987.
[15] David Bohm: Die implizite Ordnung. Grundlagen eines dynamischen Holismus, München 1985.
[16] Karl Pribram: Languages of the Brain, Englewood Cliffs 1971; ders.: Die holographische Hypothese der Gehirnfunktion. In: Stanislav Grof (Hg.): Alte Weisheit und modernes Denken, München 1986.
[17] Stanislav Grof: Geburt, Tod und Transzendenz, München 1985; ders.: Das Abenteuer der Selbstentdeckung, München 1987; ders. (Hg.): Die Chance der Menschheit. Bewußtseinsentwicklung – der Ausweg aus der globalen Krise, München 1988.
[18] Roger Walsh und Frances Vaughan (Hg.): Psychologie in der Wende, Bern 1985.

[19] Frances Vaughan: s. Anm. 18.
[20] Arthur Young: Der kreative Kosmos. Am Wendepunkt der Evolution, München 1987.
[21] Rupert Sheldrake: Das schöpferische Universum, München 1983.
[22] Jim Lovelock und Lynn Margulis: The Gaia Hypothesis. A New Look at Life on Earth, Oxford 1979.
[23] „Romantischer" Schamanismus und exotische Magie nach den angeblichen Notizen des Zauberlehrlings Carlos Castaneda. Vgl. von den verschiedenen Büchern Castanedas vor allem: Reise nach Ixtlan, Frankfurt 1976; ders.: Der Ring der Kraft, Frankfurt 1976; zu Castaneda s. Elmar R. Gruber: Tranceformation. Schamanismus und die Auflösung der Ordnung, Basel 1982; Bernard Duband und Michel Marguerie: Der Weg der Kraft, Wien 1983.
[24] Arnold Keyserling: Kriterien der Offenbarung, Wald 1980; ders.: Das Erdheiligtum, Wald 1979.
[25] Heide Göttner-Abendroth: Die tanzende Göttin, München 1983.
[26] Vine Deloria: God is Red, New York 1973.
[27] Bernhard Schaer: Die Kraft des Regenbogens, Wald 1986.
[28] Theodore Roszak: Das unvollendete Tier, a.a.O.
[29] Karl-Wilhelm Schneider: Jenseits von Kirche und Konvention, Hannover 1981.
[30] Marilyn Ferguson: Op cit.
[31] Hans-Jürgen Ruppert: Durchbruch zur Innenwelt – Spirituelle Impulse aus New Age und Esoterik inkritischer Betrachtung, Stuttgart 1988.
[32] David Steindl-Rast: Yes! With thanks. One Earth 6, 1985, S. 8.
[33] David Steindl-Rast: Fülle und Nichts, München 1986.
[34] William Johnston: Spiritualität und Transformation, München 1986.
[35] Bede Griffiths: Rückkehr zur Mitte, München 1987.
[36] Hugo Enomiya-Lassalle: Am Morgen einer besseren Welt, Freiburg 1984; ders.: Leben im neuen Bewußtsein, München 1986.
[37] Michael von Brück (Hg.): Dialog der Religionen – Bewußtseinswandel der Menschheit, München 1987.
[38] Elmar R. Gruber: Dämmerung des Neuen Zeitalters – Erleuchtung oder Verwirrung am Beginn einer neuen Zeit? In: Gert Geisler (Hg.): Zeugnisse der Zeitenwende, Freiburg 1984; ders.: Wissenschaft am Wendepunkt, a.a.O.; ders. und Susan Fassberg: Op. cit.; ders.: Was ist New Age? Freiburg 1988².
[39] Vgl. vor allem Elmar R. Gruber: Traum, Trance und Tod, Freiburg 1985, S. 104ff; Was ist New Age? a.a.O., S. 131ff.
[40] Op. cit., Anm. 38.
[41] Vgl. Arno Gruen: Der Wahnsinn der Normalität. Realismus als Krankheit, München 1987.
[42] Robert Spaemann: Das Ende des modernen Bewußtseins. Vortrag in „Teleakademie" SWF-Fernsehen, 16.10 und 23.10.1988.
[43] Jean Gebser: In der Bewährung. Zehn Hinweise auf das neue Bewußtsein, Bern 1962, S. 119ff.
[44] So der Titel eines Buches von Stanislav Grof, op. cit., Anm. 17.
[45] Hans-Jürgen Ruppert, op. cit., S. 106f; Josef Sudbrack: Neue Religiosität – Herausforderung für die Christen, Mainz 1987, S. 108.
[46] Vgl. Peter Koslowski: Gnosis und Gnostizismus in der Philosophie. In: Ders. (Hg.): Gnosis und Mystik in der Geschichte der Philosophie, Zürich und

München 1988, S. 380ff; Ernst Benz: Theogonie und Wandlung des Menschen bei Friedrich Wilhelm Joseph Schelling. Eranos-Jahrbuch 1954, Zürich 1955; Elmar R. Gruber: Was ist New Age? Op. cit., S. 50ff.
[47] Francisco Varela: Principles of Biological Autonomy, New York 1979; ders. und Humberto Maturana: Der Baum der Erkenntnis, Bern 1987.
[48] Vgl. Werner Müller: Amerika – Die Neue oder die Alte Welt? Berlin 1982.
[49] Christof Schorsch: Die New Age Bewegung. Utopie und Mythos der Neuen Zeit, Gütersloh 1988, S. 144.
[50] George Trevelyan: Aufruf zu einem Kreuzzug des Geistes. Sphinx, 29, 1984/85, S. 11.
[51] René Guénon: Die Krisis der Neuzeit, Köln 1950.
[52] Ken Wilber: Halbzeit, op. cit.; Aldous Huxley: Die Ewige Philosophie, Zürich 1949.
[53] Jean Gebser hat diesen Gedanken von der „Gegenwärtigkeit des Ursprungs, bzw. der Vollendung" (In der Bewährung, op. cit., S. 63ff) ähnlich wie René Guénon (op. cit.) gefaßt.
[54] C. G. Jung: Aion. Beiträge zur Symbolik des Selbst, Ges. Werke Bd. 9/II, Olten 1985[6].
[55] A.a.O., S. 82.
[56] Johann Kepler: Discurs von der großen Conjunction. In: Johannis Kepleri Astronomi Opera Omnia. C. Frisch (Hg.), Bd. 7, S. 701.
[57] Diese Ansicht geht wahrscheinlich auf die iranische Astrologie zurück.
[58] Vgl. C. G. Jung, op. cit., S. 87ff.
[59] C. G. Jung, a.a.O., S. 88.
[60] C. G. Jung, a.a.O., S. 163.
[61] A.a.O., S. 96.
[62] Vgl. Elmar R. Gruber: Was ist New Age? Op. cit., S. 20ff.
[63] Arthur Hübscher: Die große Weissagung, München 1952; C. Adlmaier: Blick in die Zukunft, Traunstein 1961[3]- Hans Bender: Zukunftsvisionen, Kriegsprophezeiungen, Sterbeerlebnisse, München 1983.
[64] D. Réju: Les Prophéties de Saint Malachie, Monaco 1979.
[65] Insbesondere in der Darstellung von Ken Wilber: Halbzeit, op. cit.
[66] Michael Landmann, Das Zeitalter als Schicksal, Basel 1956, S. 21.
[67] Zit. nach Michael Landmann, a.a.O., S. 90.
[68] Friedrich Nietzsche: Die fröhliche Wissenschaft, Stuttgart 1941, S. 301.
[69] Christof Schorsch, op. cit., S. 134ff.
[70] Vgl. Christof Schorsch, op. cit., S. 193ff.
[71] Christof Schorsch, op. cit., S. 134, 136, 141.
[72] Ernst Bloch: Das Prinzip Hoffnung, Frankfurt 1959, Bd. II, S. 877.
[73] Vgl. Elmar R. Gruber: Tranceformation. Op. cit., S. 89ff.
[74] „Wir müssen uns vor Augen halten, was wir durch das Bewußtsein verlieren ... Wir ermessen die unendliche Verarmung, die mit dem Bewußtsein verbunden ist", schreibt Georges Bataille: Die Tränen des Eros, München 1981, S. 196.
[75] Robert Muller: Die Neuerschaffung der Welt, München 1985, S. 253.
[76] Jeremy Rifkin: Kritik der reinen Unvernunft, Reinbek 1987, S. 99.
[77] Arnold Keyserling: Interview, In: Gert Geisler (Hg.): Op. cit., S. 181.
[78] Op. cit., S. 221ff.
[79] Siehe S. 15ff.
[80] Schorsch kann man in seiner ausgewogenen und umfassenden Betrachtung des New Age eine solche Diskreditierung nicht vorwerfen.

[81] Es sind dies die Autoren, die in meinem Schema (s. S. 16) den Bereich 2 abdecken, allen voran Ken Wilber: Die drei Augen der Erkenntnis, op. cit., S. 119 ff.; s. auch weiter unten S.

[82] Ernst Bloch, op. cit., Bd. II, S. 1297 ff.

[83] Ernst Bloch, a. a. O., S. 1390.

[84] Vgl. dazu Julius Evola: La tradizione ermetica, Bari 1931, S. 28 f.

[85] Eine ausführliche Darstellung der Bewußtseinsevolution findet sich in Ken Wilber: Halbzeit, op. cit.; eine Zusammenfassung in Elmar R. Gruber: Was ist New Age? Op. cit., S. 13 ff.

[86] Ken Wilber: Das Spektrum des Bewußtseins, op. cit.

[87] Jean Gebser: Ursprung und Gegenwart, Stuttgart 1949.

[88] Karl Jaspers: Vom Ursprung und Ziel der Geschichte, München 1949, S. 19 ff.

[89] Op. cit., S. 20.

[90] Nach hinduistischem Verständnis ist Atman das wirkliche, unsterbliche Selbst des Menschen, das als absolutes Bewußtsein identisch ist mit Brahman, die höchste nicht-duale Wirklichkeit.

[91] Karl Jaspers, op. cit., S. 22.

[92] Thomasevangelium, log. 3.

[93] In den Thomasakten (nicht zu verwechseln mit dem Thomasevangelium) findet sich der Ausspruch als Aufforderung: „Mich selbst finden und erkennen wer ich war und wer ich bin, um wieder zu werden was ich war" (log. 15).

[94] Vgl. A. Adam: Das Fortwirken des Manichäismus bei Augustin. Zeitschrift für Kirchengeschichte 69, 1958.

[95] Alexander Böhlig (Hg.): Die Gnosis. Bd. III, Manichäismus, Zürich 1980, S. 45.

[96] Sermones 53, 11, 12.

[97] Pierre Teilhard de Chardin: Das Tor in die Zukunft, München 1984.

[98] Herbert Grundmann: Neue Forschungen über Joachim von Fiore, Marburg 1950; Ernst Benz: Ecclesia Spiritualis, Stuttgart 1934.

[99] Joachim von Fiore: Expositio in Apocalipsim, Venedig 1527, fol. 48, c, f.

[100] Ders.: Tractatus super quatuor Evangelia, Ernesto Buonaiuti (hg.), Rom 1930, 153, 26.

[101] In: Ders.: Tractatus, a. a. O.

[102] Ders.: Concordia Novi ac Veteris Testamenti, Venedig 1519, lib. V, 84, fol. 112.

[103] George Trevelyan: Eine Vision, op. cit.

[104] Ken Wilber: Halbzeit, op. cit. Die Großschreibung für GEIST stammt von Wilber und deutet auf den absoluten GEIST hin im Gegensatz zum noch unvollständig entfalteten menschlichen Geist.

[105] Peter Russell: An der Schwelle zur Spiritualisierung der ganzen Menschheit. In: Gert Geisler (Hg.): Op. cit.

[106] Günther Schiwy: Op. cit.

[107] Christof Schorsch: Op. cit., S. 101.

[108] Karlfried Graf Dürckheim: Mein Weg zur Mitte, Freiburg 1985, S. 35.

[109] Unter „Channeling", von engl. „channel" (Kanal) versteht man die modische Bezeichnung medialer, bzw. spiritistischer Durchgaben von angeblichen Wesenheiten. Vgl. Elmar R. Gruber: Psi-Phänomene. Eine neue Dimension in der Selbsterfahrung, Bruchsal 1988, S. 99 ff.

[110] Umberto Eco: Auf dem Weg zu einem Neuen Mittelalter. In: Ders.: Über Gott und die Welt, München 1985, S. 24.
[111] Theodore Roszak: Das unvollendete Tier, op. cit., S. 66. Natürlich gehört nicht jede Form moderner spiritueller Übungen unter dieses Etikett. Die pauschalisierende Formulierung ist als rhetorische Typisierung gemeint.
[112] Umberto Eco: A. a. O., S. 24.
[113] Ernst Bloch: Op. cit., Bd. I, S. 742.
[114] Zit. nach Gerhard Wehr: Heilige Hochzeit, München 1986, S. 122.
[115] Implizit und explizit spielt diese Utopie eine bedeutende Rolle, insbesondere in den Arbeiten Fritjof Capras. Ernest Callenbach (Ökotopia, Berlin 1979) hat ein Zukunftsszenario entworfen, das eine Vernetzung von vielen „Ökopolen" beinhaltet.
[116] Gregory Bateson: Ökologie des Geistes, Frankfurt 1981². Insbesondere Fritjof Capra und Francisco Varela berufen sich in ihren Verbindungen von Ökologie und Spiritualität und Ökologie und Neuropsychologie auf Bateson.
[117] Vgl. Christof Schorsch: Op. cit., S. 141.
[118] Der Begriff „voluntary simplicity" (freiwillige Einfachheit) stammt von Duane Elgin. Vgl. Elmar R. Gruber und Susan Fassberg: New-Age-Wörterbuch, op. cit., S. 42.
[119] Ernst Bloch: Op. cit., Bd. I, S. 753.
[120] Weiter unten (S. 110f.) gehe ich auf den Übermensch-Begriff näher ein.
[121] Timothy Leary faßte seine Utopie kurz und prägnant: S. M. I^2. L. E. Sie liest sich, wie engl. „smile" – lächeln. Dementsprechend darf sie auch belächelt werden. Hinter der Abkürzung verbirgt sich ein Programm: *S*pace *M*igration (Auswanderung ins All), I^2 bedeutet intelligence increase (Intelligenzsteigerung), *L*ife *E*xtension (Lebensverlängerung). Vgl. Timothy Leary: Neuropolitik, Basel 1981, S. 119ff.
[122] Ders.: Exo Psychologie, Basel 1981.
[123] Otto Wolff: Mensch und Übermensch bei Sri Aurobindo. Zeitschrift für Religions- und Geistesgeschichte, 1957.
[124] Ethik, Def. 6.
[125] Erhard Oeser: System, Klassifikation, Evolution. Wien 1974.
[126] Gottfried Wilhelm Leibniz: Vernunftprinzipien der Natur und der Gnade. Monadologie, Hamburg 1959, S. 59.
[127] Ders.: A. a. O., S. 69.
[128] Emile M. Cioran: Geschichte und Utopie, Stuttgart 1979, S. 92.
[129] F. W. J. Schelling: Werke. Bd. I, 1927, S. 242.
[130] Vgl. Jacques Donzelot: Der Untergang der Romantik. In: Dietmar Kamper und Christoph Wulf (Hg.): Das Heilige – Seine Spur in der Moderne, Frankfurt 1987, S. 451.
[131] Martin Schmidt und Wilhelm Jannasch (Hg.): Das Zeitalter des Pietismus, Bremen 1965, S. 219.
[132] Friedrich Nietzsche: Gedichte, Stuttgart 1964, S. 118.
[133] Arthur Schopenhauer: Werke, Bd. IX, Zürich 1977, S. 311.
[134] Zit. nach Horst Fuhrmans: Schellings Philosophie der Weltalter, Düsseldorf 1954, S. 88.
[135] Vgl. Elmar R. Gruber: Zur historischen Entwicklung der Parapsychologie. In: Gion Condrau (Hg.): Die Psychologie des XX. Jahrhunderts, Bd. XV, Zürich 1979.
[136] Das sogenannte psychokinetische Löffelbiegen wurde durch Uri Geller

populär gemacht. Vgl. Elmar R. Gruber: Psi-Phänomene, op. cit., S. 72 ff.
[137] Tilman Evers: C. G. Jung – Psychologie und Gnosis. In: Peter Koslowski (Hg.): Op. cit., S. 329 ff.
[138] Roger Walsh und Frances Vaughan (Hg.): Op. cit.; Charles T. Tart: Transpersonale Psychologie, Olten und Freiburg 1978; Seymour Boorstein (Hg.): Transpersonale Psychotherapie, Bern 1988.
[139] Jim Lovelock und Lynn Margulis: Op. cit.; spekulativer hingegen Peter Russell: Die erwachende Erde, München 1984.
[140] Rupert Sheldrake: Op. cit.
[141] Zu diesen progressiven Theorien zählen die verschiedenen Interpretationen quantenmechanischer Beobachtungen, die Bootstrap-Theorie, die Theorie dissipativer Strukturen, die Theorie der Autopoiese und Selbstorganisation, die Netzwerktheorie, etc., siehe dazu: Elmar R. Gruber und Susan Fassberg: New-Age-Wörterbuch, op. cit.
[142] Hazel Henderson: The Politics of the Solar Age, New York 1981.
[143] Fritjof Capra: Das Gleichgewicht zwischen Yin und Yang. In: Satish Kumar und Roswitha Hentschel (Hg.): Viele Wege. Paradigmen einer neuen Politik, München 1985, S. 91.
[144] Das drückte Capra unmißverständlich in einer Diskussionsrunde des ORF aus. „Club 2", 1988.
[145] George Trevelyan: Unternehmen Erlösung, op. cit., S. 11.
[146] Vgl. die Diskussion in: Rainer Kakuska (Hg.): Andere Wirklichkeiten, München 1984, S. 91 ff.

Kapitel II

[1] Vgl. Robert Spaemann: Op. cit.
[2] Günther Anders: Die atomare Drohung, München 1981.
[3] Peter Koslowski: Op. cit., S. 391.
[4] Ebd., S. 394.
[5] Ebd., S. 394.
[6] Vgl. Umberto Eco: Dalla periferia dell 'impero, Mailand 1977. Hier findet sich die Postmoderne in ihren amerikanischen Wurzeln. Der Einfluß der US-Kultur in der Postmoderne ist unverkennbar; von daher kommt auch ein Gutteil ihrer Naivität und „Jugendlichkeit".
[7] Siegfried Lenz: Rede anläßlich der Verleihung des Friedenspreises des Deutschen Buchhandels, Frankfurt, Oktober 1988.
[8] Hans Joachim Türk: Das Wirklichkeitsverständnis in der New-Age-Gedankenwelt. Vortrag bei der Tagung „Christlicher Glaube und Neues Denken", Salzburg, Oktober 1988.
[9] Paul Feyerabend: Wider den Methodenzwang, Frankfurt 1976.
[10] Chögyam Trungpa: Spiritueller Materialismus, Freiburg 1975.
[11] Milan Machovec: Die Rückkehr zur Weisheit. Philosophie angesichts des Abgrunds, Stuttgart 1988.
[12] Marilyn Fergusons Buch „Die sanfte Verschwörung" (op. cit.) erschien im Original unter dem Titel „The Acquarian Conspiracy", zu deutsch etwa „Verschwörung im Zeichen des Wassermanns".
[13] Wie es versucht wird von Josef Sudbrack: Neues Denken und christliche Spiritualität. Vortrag bei der Tagung „Christlicher Glaube und Neues Denken", Salzburg, Oktober 1988.

[14] Ken Wilber: Halbzeit. Op. cit., S. 93.
[15] So der Philsosoph und Publizist Klaus Podak in einer Diskussion über New Age im ORF, Club 2, 1988.
[16] Vgl. Josef Sudbrack: Op. cit.; Reinhard König: New Age – Geheime Gehirnwäsche. Neuhausen 1986.
[17] Hans Joachim Türck: Op. cit.
[18] Vgl. Jean Gebser: Ursprung und Gegenwart. 2 Bde., Stuttgart 1949; Ken Wilber: Halbzeit. Op. cit.; Erich Neumann: Ursprungsgeschichte des Bewußtseins, Zürich 1949.
[19] Vgl. Ken Wilber: Halbzeit: Op. cit.; ders.: Spektrum. Op. cit.
[20] Carl Friedrich von Weizsäcker: Bewußtseinswandel, München 1988.
[21] Milan Machovec: Op. cit., S. 202.
[22] Ebd.; Kursivsetzung von mir.
[23] Huberto Maturana und Francisco Varela: Op. cit.
[24] Francisco Varela: Unsere Spuren sind der Weg – Visionen einer neuen Biologie. In: Stanislav Grof (Hg.): Op. cit.
[25] Charles Darwin: Brief an J. D. Hooker. In: Francis Darwin und A. C. Seward (Hg.): More Letters of Charles Darwin, 2 Bde., London 1903, Bd. I, S. 94.
[26] Robert Augros und George Stanciu: Die Neue Biologie. Bern 1988.
[27] Ebd., S. 170.
[28] Ausführlich behandelt werden sie in: Marilyn Ferguson: Op. cit.; Fritjof Capra: Wendezeit. Op. cit.; Elmar R. Gruber: Was ist New Age? Op. cit.; ders. und Susan Fassberg: New-Age-Wörterbuch. Op. cit.
[29] Marilyn Ferguson: Op. cit., S. 250.
[30] Karlfried Graf Dürckheim: Durchbruch zum Wesen, Zürich 1954, S. 163 ff. Für Dürckheim bestimmt sich die „Höhe" des menschlichen Ranges aus dem Maß seiner Durchlässigkeit für sein Wesen.
[31] S. unten S. 97 ff.
[32] S. unten S. 113 ff.
[33] Satish Kumar (Hg.): Op. cit.; dies. (Hg.): Metapolitik. München 1985.
[34] Christof Schorsch: Op. cit.; S. 109.
[35] Paul Hawken: Der Zauber von Findhorn, Reinbek 1985; David Spangler: New Age. Op. cit.
[36] Vgl. William I. Thompson: The Time. Op. cit.
[37] Gerd Gerken: Der neue Manager, Freiburg 1986; ders.: Die Zukunft des Handels, Freiburg 1987.
[38] Hans A. Pestalozzi: Die sanfte Verblödung, Düsseldorf 1986.
[39] Deutsch etwa zu übersetzen: Aufkaufen durch Ausnutzung der Hebelwirkung. Die Hebelwirkung bezieht sich auf die großen Kreditsummen, die auf geringes Eigenkapital der Unternehmensführung gewährt werden.
[40] So der Klappentext zu: Rudolf Mann: Das ganzheitliche Unernehmen. Bern 1988.
[41] Ebd., S. 175.
[42] Ebd., S. 185.
[43] Ebd., S. 197.
[44] Ebd., S. 201.
[45] Ebd., S. 205.
[46] Ebd., S. 206.
[47] Ebd., S. 221 ff.

[48] Die Probleme riesiger Unternehmen, die den Geist des New Age in die Unternehmensstruktur aufnehmen wollen, haben sich etwa deutlich gezeigt bei der amerikanischen Fluggesellschaft *PeopleExpress.* Man versuchte mit dem Fließzustandsmanagement und Rotation aller Posten die Mitarbeitermotivation zu erhöhen und die Effektivität positiv zu beeinflussen. *PeopleExpress* war vor einigen Jahren, gleich nach der Gründung, schon eine Legende: die am schnellsten wachsende Fluggesellschaft aller Zeiten. Zwei Jahre später erlebte die Firma ihren Bankrott und wurde aufgekauft. Heute ist sie Geschichte.

[49] Furio Colombo: Potere, gruppi e conflitto nella società neo-feudale. In: Documenti su il nuovo medioevo, Mailand 1973.

[50] Christof Schorsch: Op. cit., S. 70.

[51] René Guénon: Op. cit., S. 110ff.

[52] Ebd., S. 93.

[53] Jim Jones war der Gründer der Sekte „Tempel des Volkes". Im November 1978 befahl er, in Guayana neunhundert seiner Gefolgsleute Cyanid zu trinken. Der Massenselbstmord, der die Menschheit so sehr erregte, war nichts als eine auffällige Folge jener allgemein menschlichen Bereitschaft, sich der alltäglichen Trance und Suggestibilität bewußtlos auszusetzen. In gewisser Weise ist der größte Teil der Menschheit mit den „Zombies" von Jim Jones vergleichbar. S. dazu: Charles Tart: Hellwach und bewußt leben, Bern 1988.

[54] Verallgemeinert formuliert in seinen „Acht Thesen zur Politik des neuen Bewußtseins" in William I. Thompson: Die pazifische Herausforderung. Op. cit., S. 173.

[55] Bei meinen eigenen Befragungen in Findhorn (Juli 1988) stellte ich zu meiner Überraschung fest, daß fast niemand mehr die Naturgeister-Kontakte ernst nimmt. Eileen Caddy begegnet man zwar ehrfürchtig, doch auch ihre „guidance", die sie direkt von Gott bekommen will, spielt kaum noch eine Rolle in der Gemeinschaft.

[56] Hélène Clastres: La terre sans mal: Le prophétisme tupi-guarani, Paris 1975.

[57] Ernst Bloch: Op. cit., II, S. 892.

[58] Margaret Mead: Coming of Age in Samoa, New York 1928; dies.: Growing up in New Guinea, New York 1930.

[59] Vgl. Stephen O. Murray: Die ethnoromantische Versuchung. In: Hans Peter Duerr (Hg.): Der Wissenschaftler und das Irrationale, Frankfurt 1981, Bd. I, S. 379.

[60] Vgl. oben S. ; ferner Timothy Leary: Op. cit., Robert Anton Wilson: Cosmic Trigger, Basel 1979; ders.: Der neue Prometheus, Basel 1985.

[61] Vgl. William I. Thompson: Pacific Shift – Die Verlagerung des philosophischen und politischen Schwerpunkts vom Atlantik zum Pazifik. In: Stanislav Grof (Hg.): Die Chance, op. cit., S. 133ff.

[62] Von Gerd Gerken, ebenso einem Befürworter der Gentechnik und Computerisierung, in seiner Zeitschrift „Radar für Trends" (Worpswede) verkündet.

[63] Alvin Silverstein (zit. nach Robert Anton Wilson: Prometheus, op. cit., S. 154f.) behauptete, daß schon 1989 die individuelle Lebensspanne „unbegrenzt verlängerbar" sein wird und 1990 den Sieg über Krankheit und Tod bringen wird. Dazu differenzierter Roy L. Walford: Leben über 100, München 1983; und phantastisch John A. Mann: Geheimnisse der Lebensverlängerung, Basel 1982.

[64] Timothy Leary: Exo Psychologie, op. cit.; Robert Anton Wilson: Prometheus, op. cit., S. 290; dagegen hält die ökologisch orientierte New-Age-Uto-

pie an ihrer Verwirklichung auf Erden ohne Eingriff in den DNS-Bauplan der Natur als „wissenschaftliches Schöpfungsspiel" fest. Vgl. Jeremy Rifkin: Genesis zwei, Reinbek 1988.

[65] Auf ins All, Basel 1979; Timothy Leary: op. cit.; Robert Anton Wilson: op. cit.

[66] Timothy Leary: Exo Psychologie, op. cit.

[67] Robert Anton Wilson: Ist Gott eine Droge oder haben wir sie nur falsch verstanden, Basel 1984.

[68] Der Begriff stammt von Robert Anton Wilson: Prometheus, op. cit.

Kapitel III

[1] George Trevelyan: Unternehmen Erlösung, op. cit., S. 200.

[2] Fritjof Capra: Wendezeit, op. cit., S. 20.

[3] Robert Muller: Planet der Hoffnung, op. cit., S. 102.

[4] Robert Anton Wilson: Prometheus, op. cit., S. 290.

[5] William I. Thompson: Pazifische Herausforderung, op. cit., S. 175.

[6] In Anlehnung an die Arbeiten von Ilya Prigogine (Order through Fluctuation: Self-Organization und Social Systems, in: Erich Jantsch und Conrad H. Waddington (Hg.): Evolution und Consciousness. Human Systems in Transition, Reading 1976) und Erich Jantsch (Ordnung durch Fluktuation oder die Grenzen westlicher Rationalität, in: Rüdiger Lutz (Hg.): Sanfte Alternativen, Weinheim 1981).

[7] Vgl. Peter Russell: Erwachende Erde, op. cit., S. 214.

[8] Vgl. etwa Günther Anders: Op. cit.; Emile M. Cioran: Geschichte und Utopie, Stuttgart 1979², ders.: Der Absturz in die Zeit, Stuttgart 1980², ders.: Die verfehlte Schöpfung, Frankfurt 1979; Ulrich Horstmann: Das Untier. Konturen einer Philosophie der Menschenflucht, Frankfurt 1985.

[9] Darunter auch die Autoren der populärsten New-Age-Werke Fritjof Capra und Marilyn Ferguson.

[10] Hans Joachim Türck: Op. cit., verlangt eine solche Begründung völlig zu Unrecht, wie man sie auch nicht von einem Mystiker fordern könnte.

[11] Christof Schorsch: Op. cit., S. 189 f. weist deutlich darauf hin.

[12] J. F. Rittmeister: Die psychotherapeutische Aufgabe und der neue Humanismus (1937), Psyche 12, 1968, S. 952. Seine Kritik bezieht sich zwar auf die Jungianer, kann aber im modernen esoterisch-therapeutischen Umfeld, das sich explizit auf Jung beruft, verallgemeinert werden.

[13] Arnobius, zit. in: Gilles Quispel: Gnosis als Weltreligion, Zürich 1972², S. 48.

[14] S. oben, S. 72 und Elmar R. Gruber: Was ist New Age? Op. cit., S. 144 ff.

[15] Zum Begriff des Neuen Menschen vgl. Carl R. Rogers: Der neue Mensch, Stuttgart 1981; Hugo M. Enomiya Lassalle: Am Morgen, op. cit., Günther Schiwy: Op. cit.; Elmar R. Gruber: Was ist New Age? Op. cit., S. 119 ff.; zum Begriff der Neuen Ordnung vgl. Marilyn Ferguson: Op. cit., S. 83.

[16] Vgl. zum Begriff des Übermenschen: Ernst Benz: Der dreifache Aspekt des Übermenschen, Eranos-Jahrbuch 1959, Zürich 1960.

[17] Robert Muller: Neuerschaffung, op. cit., S. 229.

[18] Vgl. Jeanne Achterberg: Die heilende Kraft der Imagination, Bern 1987; Willis Harman und Howard Rheingold: Die Kunst kreativ zu sein, Bern 1987; Frances E. Vaughan: Intuitiver leben, München 1988.

[19] Die Literatur der parapsychologischen Forschung zu diesem Thema ist umfangreich und eindeutig. Vgl. Benjamin B. Wolman (Hg.): Handbook of Parapsychology, New York 1977.
[20] Die sogenannten „prosperity workshops" schießen den Vogel ab. Bei diesen Seminaren lernen die Teilnehmer, wie sie Imaginationen und Affirmationen einsetzen, um Glück und Reichtum anzuziehen.
[21] Rupert Sheldrake: Op. cit.; ders.: The Presence of the Past, London 1988.
[22] Vgl. Hannelore Kling: Der Einfluß von Wahrnehmungsmodalität und Sinnhaftigkeit auf die Sicherheit in der Bedeutungseinschätzung von Blindenschriftwörtern, Diplomarbeit Psychologie, Mainz 1988; hier auch Übersicht über bisherige experimentelle Überprüfungen von Sheldrakes Hypothese.
[23] Rupert Sheldrake: Das kreative Universum, op. cit., S. 189ff.
[24] Peter Russell: Erwachende Erde, op. cit., S. 209.
[25] Ilya Prigogine: Op. cit.; Erich Jantsch: Op. cit.
[26] Peter Russell: A. a. O., S. 214.
[27] Rüdiger Lutz: Die Megakrise: Chancen zur ganzheitlichen Erneuerung, in: Ders. (Hg.): Bewußtseins(R)evolution, Weinheim 1983, S. 151.
[28] Peter Russell: Erwachende Erde, op. cit., S. 245.
[29] Marilyn Ferguson: Op. cit., S. 251; in den USA erschien das Buch bereits 1980.
[30] Ebd., S. 251.
[31] George Trevelyan: Unternehmen Erlösung, op. cit., S. 205; ders.: Eine Vision, op. cit., S. 161.
[32] David Spangler: Findhorn und die Vision von einer planetarischen Kultur, in: Edwin Mynard (Hg.): Leben in Findhorn. Modell einer Welt von morgen, Freiburg 1981, S. 14.
[33] William I. Thompson: Poetry, Politics and the New Biology, Barrington 1987.
[34] Vgl. Marilyn Ferguson: Op. cit., S. 30.
[35] Christof Schorsch: Op. cit., S. 172.
[36] Fritjof Capra: Wendezeit, op. cit., S. 5.
[37] Peter Koslowski: Op. cit., S. 394.
[38] William I. Thompson: Pazifische Herausforderung, op. cit., S. 144.
[39] Thompson lehnt sich bewußt an Jim Lovelock und Lynn Margulis, op. cit. an.
[40] William I. Thompson: Pazifische Herausforderung, op. cit., S. 96ff.
[41] Ders.: Poetry, Politics, op. cit.
[42] Ebd.
[43] Ders.: Pazifische Herausforderung, op. cit., S. 142.
[44] Peter Russell: Op. cit.
[45] Vgl. zu diesem Problemkomplex Klaus Kornwachs (Hg.): Offenheit – Zeitlichkeit – Komplexität, Frankfurt 1984.
[46] William I. Thompson: The Time, op. cit.
[47] Wie sie von William I. Thompson (From Nation to Emanation, Findhorn 1982) formuliert wurde.
[48] Friedrich Nietzsche: Die fröhliche Wissenschaft, Leipzig 1887, Lieder des Prinzen Vogelfrei.
[49] Ursprünglich hieß die deutsche Übersetzung von Capras Buch „The Tao of Physics" „Der kosmische Reigen".
[50] William I. Thompson: Pazifische Herausforderung, ob. cit., S. 151.

[51] Ebd., S. 184.
[52] Ebd., S. 151. Er bezieht sich auf Norman Myers (Gaia: An Atlas of Planet Management, New York 1984), der die Notwendigkeit eines globalen ökologischen Managements beschreibt.
[53] Vgl. Hans A. Pestalozzi: Op. cit.; Reinhard Hummel: Zwischen den Zeiten und Kulturen: Die New-Age-Bewegung, in: Hansjörg Hemminger (Hg.): Die Rückkehr der Zauberer, Reinbek 1987. Beides sind wichtige Kritiken, die aber durch ihre Verallgemeinerung über ihr Ziel weit hinausschießen.
[54] Vgl. Robert Spaemann: Das Ende des modernen Bewußtseins, op. cit.
[55] Ken Wilber: Die drei Augen, op. cit., S. 119ff.
[56] Christof Schorsch: Op. cit., S. 232.
[57] Ken Wilber: Halbzeit, op. cit., S. 370.
[58] David Spangler: Rebirth, op. cit., S. 41.
[59] Vgl. Elmar R. Gruber: Was ist New Age? Op. cit., S. 111ff. und 139f.
[60] Umberto Eco: Dalla periferia, op. cit.
[61] Vgl. dazu Elmar R. Gruber: Der Parapsychologe vor dem Fremden, in Hans Peter Duerr (Hg.): Der Wissenschaftler und das Irrationale, op. cit., Bd. II, S. 371ff.; ders.: Bemerkungen über die Tugend des Vergessens, in Rolf Gehlen und Bernd Wolf (Hg.): Der gläserne Zaun, Frankfurt 1983, S. 188ff.; Klaus Theweleit: Männerphantasien, Frankfurt 1977, II Bde.
[62] Vgl. die Identifizierung früherer Stadien der Bewußtseinsevolution mit der mythischen Figur der Großen Mutter: Erich Neumann: Ursprungsgeschichte des Bewußtseins, op. cit., S. 53ff; Ken Wilber: Halbzeit, op. cit., S. 136ff.
[63] Transpersonale Psychologien bauen insbesondere auf die Arbeiten von C. G. Jung, Roberto Assagioli und Abraham Maslow auf. Sie verbinden diese Ansätze mit Anliegen und Praktiken spiritueller Disziplinen. Vgl. Charles T. Tart: Transpersonale Psychologie, op. cit.; Roger Walsh und Frances Vaughan (Hg.): Psychologie in der Wende, op. cit.
[64] Insbesondere die Psychologie des „Initiatischen Wegs" Dürckheims. Vgl. Karlfried Graf Dürckheim: Durchbruch zum Wesen, Bern 1975; ders.: Überweltliches Leben in der Welt, Weilheim 1972.
[65] Walter Schmidt, Eckart Flöther, Caryl Matrisciana: New Age – Die Macht von Morgen, Neuhausen 1987.
[66] Reinhard König: New Age. Geheime Gehirnwäsche – Wie man uns heute für morgen programmiert, Neuhausen 1987, S. 82.
[67] Günther Schiwy: Op. cit., S. 108.
[68] Lutz von Padberg: New Age und Feminismus, Asslar 1987, S. 129.
[69] Michael von Brück: Aufkeimendes Bewußtsein für eine neue Menschheit, in ders. (Hg.): Dialog der Religionen. Bewußtseinswandel der Menschheit, München 1987, S. 65ff.
[70] Gottfried Küenzlen: Das Unbehagen an der Moderne: Der kulturelle und gesellschaftliche Hintergrund der New-Age-Bewegung, in Hansjörg Hemminger (Hg.): Die Rückkehr der Zauberer, Reinbek 1987, S. 214.
[71] Ebd., S. 215.
[72] Ebd., S. 214.
[73] Theodore Roszak: Das unvollendete Tier, op. cit., S. 44ff.
[74] David Steindl-Rast drückte sich in dieser Weise bei einer Diskussion über New Age im Fernsehen aus. Club 2, ORF, 1988.
[75] Thomasevangelium, log. 76.
[76] Bede Griffiths: Rückkehr zur Mitte. Das Gemeinsame östlicher und westlicher Spiritualität, München, 1987, S. 133.

Epilog

[1] Aus der Traum, Glosse in: Frankfurter Allgemeine Zeitung, Frankfurt 21.9.1988.
[2] Ulrich Horstmann: Op. cit. Horstmanns „anthropofugales Philosophieren" verwandelt die Untergangsfurcht zu einer Aufforderung zur Inszenierung des Untergangs.
[3] Eduard von Hartmann: Philosophie des Unbewußten, 2 Bde., Leipzig 1913.
[4] Vgl. dazu die exzellente Diskussion Horstmanns mit Heinz Wismann und Jochen Hörisch in der Sendung „Café Größenwahn", SWF-Fernsehen, 19.11.1988. Insbesondere Wismann verweist auf die Problematik der Vermengung von philosophischer Analyse und literarischem Gestus im Denken Horstmanns.
[5] Emile M. Cioran: Op. cit.; ders. Vom Nachteil geboren zu sein, Frankfurt 1979.
[6] Ulrich Horstmann: Op. cit., S. 80.
[7] Emilie M. Cioran: Die verfehlte Schöpfung, op. cit., S. 93.
[8] Vgl. zum Problemkreis des „Ende des New Age" auch Andreas Giger (Hg.): Was bleibt vom New Age? Freiburg 1988.

Elmar Gruber

Was ist New Age?

Bewußtseinstransformation und neue Spiritualität

Band 1369, 160 Seiten, 2. Aufl.

„Wir nähern uns trotz aller Fehlschläge und aller Unwahrscheinlichkeiten einem neuen Zeitalter, in dem die Welt ihre Ketten abwerfen wird, um sich endlich den Kräften ihrer inneren Affinität zu überlassen." Was Teilhard de Chardin geahnt hat, drängt jetzt unter dem Namen „New Age" als Bewegung, von Amerika ausgehend, nach Europa. Was verbirgt sich hinter diesem aktuellen Stichwort? Der Autor schildert anschaulich und anhand vieler Beispiele, wie umwälzende Erkenntnisse der Naturwissenschaften, die das Newtonsche Weltbild aus den Angeln heben, und tiefgreifende psychologische Erfahrungen, die den Blick für transpersonale Wirklichkeiten öffnen, sich zu einer globalen Spiritualität verbinden. Es scheint, daß wir in einer „Zeit-Wende-Zeit" leben, in der sich ein entschiedener Wertwandel ankündigt, der für das Raumschiff Erde vielleicht die letzte Chance ist.